우리는 부활한 예수를 증언한다

혼란스러운 시대에 예수의 부활을 믿는다는 것의 의미

제럴드 오콜린스 지음·권헌일 옮김

Easter Faith:
Believing in the Risen Jesus

우리는 부활한 예수를 증언한다

혼란스러운 시대에 예수의 부활을 믿는다는 것의 의미

제럴드 오콜린스 지음 · 권헌일 옮김

비아

| 차례 |

일러두기

- +표시가 되어 있는 인물의 경우 책 뒤에 있는 '인물 색인 및 소개'에서 다루었습니다.

- 역자 주석의 경우 *표시를 해 두었습니다.

- 성서의 경우 「공동번역 개정판」(1999)을 사용하는 것을 원칙으로 했으나 원문과 지나치게 차이가 있을 경우 대한성서공회판 「새번역」(1999)을 참고해 다듬었음을 밝힙니다.

들어가며

그리스도의 부활을 다룬 책에 대한 서평에는 종종 저자가 자신의 주장을 정확히 설명하지 못했다는 비판이 담겨 있다. 이때 서평자들은 부활이 정확히 무엇인지 설명해 달라고 요구한다. 하지만 이 질문에 답하기 어려운 이유는 부활 자체를 있는 그대로, 확실하고 완전하게 설명하는 것이 불가능하기 때문이다.

초기부터 그리스도인들은 부활을 이야기할 때 은유의 성격을 지닌 언어를 사용했다. 그들은 이 사건을 통해 죽음을 맞이했던 그리스도께서 "죽음이라는 잠에서 깨어나셨"다고, "다시 살아서 일어나셨다"고 이해했다. 바울이 활동하던 시기, 이미 그들은 부활이 다른 사건과 완전히는 아니더라도 근본적으로 다른 사건임을 알고 있었고, 이를 설명하기 위해 유비를 활용했다. 부활을 가장 잘 표현하는 유비는 (이미 일어난) 세계 창조와 (아직 일어나지 않은) 세계 종말의 유비다. 이 두 사건은 예수를 다시 살리신 하느님의 변혁하시는 힘을 보여 준다. 이 같은 맥락에서 부활은 새로운 창조임과 동시에, 만물의 종말이 시작되었음을 알리는 사건이다.

그리스도의 부활에는 '아직'이라는 특성이 있다. 이 특성은 부활을 설명하려는 모든 시도를 일정 부분 제한한다. 그리스도의 부활은 인류와 세상에 충만한 현실이 될 때까지 아직 완성된 것이 아니다. 또한, 부활을 정확하게 설명할 수 없는 이유는 부활이 우리의 하느님 개념과 매우 밀접하게 연결되어 있기 때문이다. 많은 이가 무심코 지나치지만, 바울은 부활에 대해 잘못 말하는 것은 곧 "하느님을 거짓 증언하는 것"(1고린 15:15)임을 알고 있었다. 그는 부활에 대한 증언과 하느님에 대한 증언을 하나로 연결했다. 사도가 만든 이 연결은 우리가 할 수 있는 일에 근본적인 한계가 있음을 암시한다. 부활을 온전히 설명해 내려는 시도는 하느님을 온전히 설명해 내려는 시도만큼이나 잘못일 수밖에 없다.

지금까지 한 논의를 전제로, 그리고 신약성서의 증언과 그리스도교 전통을 바탕으로 이 책에서는 예수의 부활이 의미하는 바를 제한적으로, 대략적으로나마 이야기해 보려 한다. 하느님께서는 독특한 활동을 통해 예수의 삶과 활동을 궁극적으로 승인하셨고, 예수의 인격을 죽음의 상태에서 구하셨다. 이 땅에서 살아가던 예수의 몸은 변모되어 새롭고 영광스러운 존재가 되었고, 이로써 인간과 세상을 위한 만물의 종말이 시작되었다(로마 8:18~25를 참조). 일차적으로 부활은 예수 개인의 부활이었지만, 이차적으로는 우리를 위한 부활이었다.

> 예수는 우리의 범죄 때문에 죽임을 당하셨고, 우리를 의롭게 하시려고 살아나셨습니다. (로마 4:25)

평범한 신자들은 '(하느님의) 독특한 활동'이나 '궁극적으로 승인'했다는 식의 전문적인 신학 표현을 쓰지 않을 수 있다. 그러나 그들도 자신의 언어로 '하느님께서 예수를 특별한 방식으로 살리셨다'고 믿는다. 표현 방식은 다르지만, 모든 신자가 가진 부활 신앙의 핵심은 같다.

이 책에서는 먼저 하느님, 인간, 그리고 피조 세계에 관한 배경 이론들을 다룰 것이다. 하느님께서는 세계를 창조하셨지만, 세계가 자리 잡은 뒤에는 어떤 특별한 일도 하지 않으신다고 믿는 이들은 논리상 예수의 부활 가능성을 미리 배제한 것이다. 따라서 1장에서는 하느님이 예수를 죽음에서 살리시고, 그가 제자들(혹은 바울의 경우처럼 장차 제자가 될 사람들)에게 나타날 가능성을 배제하거나 인정하는 주요 견해들을 비판적으로 검토해 보겠다. 부활 신앙 형성을 좌우할 수 있는 이론들을 검토한 뒤, 2장에서는 부활한 예수의 현현과 빈 무덤 발견에 대한 역사적 증거 문제를 다룬다. 역사에서 발견된 증거들은 부활 신앙을 형성하고 유지하는 데 얼마나 영향을 미칠까? 3장에서는 신앙 안에서 부활한 예수를 앎에 있어 다른 이들의 증언과 인격적인 경험이 가장 중요하다고 주장할 것이다.

어떤 학자들은 부활 신앙을 지지하면서도 빈 무덤 이야기는 거부한다. 4장에서는 예수의 무덤이 열려 있고, 빈 상태로 발견되었다는 전승의 역사적 신뢰성을 다루고 그 신학적 의미를 성찰해 보려 한다. 빈 무덤은 하느님의 자기 계시, 그리고 십자가에 못 박힌 예수의 부활을 통해 이루어진 구원과 연관해 어떤 의미를 지닐까? 빈 무덤이 신학에서 의미하는 바를 이해하지 못하면, 부활 신앙은 너무 희미해져 예수, 혹은 우리를 위한 몸의 부활이 아닌 영혼 불멸에 대한 믿음처럼 보일 수 있다. 4장에서는 마르코복음서 마지막 장을 면밀하게 살피고, 5장에서는 시야를 넓혀 마태오, 루가, 요한복음서를 살피며 빈 무덤 전승과 함께 이 복음서들의 부활 관련 장들에서 다루는 여러 주제를 분석해 보고자 한다. 이를 통해 삼위일체 하느님께서 자신을 어떻게 드러내시는지, 또 어떻게 인간을 구원하시는지에 대해 복음서들이 말하고자 하는 바를 상세히 설명할 것이다.

책 말미에 있는 참고문헌 목록에서는 (1) 부활을 다룬 책 중 유용해 보이는 저서들과 (2) 내가 쓴 책 중 부활에 관한 책들을 소개했다. 이 책에서는 (2)에 속한 책들의 내용은 가능한 한 반복하지 않으려 했다. 그러므로 독자들이 중요하다고 생각하는 어떤 내용이 이 책에 빠져 있다면, 그건 저 목록에 속한 책들에서 찾을 수 있을 것이다.

이 원고를 함께 읽어준 이들, 특별히 유익한 비판과 제안을 해 준 스티븐 데이비스Stephen Davis에게 깊은 감사를 전한다. 또한, 2002년 10월부터 11월까지 열린 마틴 다아시Martin D'Arcy 강연에서 이 책의 많은 부분을 나눌 수 있게 초대해 준 캠피온 홀의 학장 제라드 J. 휴즈Gerard J. Hughes 신부님, 강연에 참석하여 여러 의견과 질문을 제기하면서 글을 발전시켜 준 이들에게도 심심한 감사를 전한다. 끝으로 다튼, 롱맨 앤

토드Darton, Longman and Todd의 편집장 브렌든 월시Brendan Walsh 에게 감사를 전하고 싶다. 그는 여러 해에 걸쳐 예수의 부활에 대해 내가 더 많은 질문을 던지고 다룰 수 있도록 격려해 주었다.

1965년 영국에 처음 왔을 때부터 캠피온 홀의 예수회 회원들은 우정과 환대, 지적 도전으로 내 삶을 풍요롭게 해 주었다. 이 책을 그들에게 바친다.

제럴드 오콜린스, S.J.
로마 그레고리안 대학교에서
2003년 새해 첫날을 맞으며

배경 이론의 중요성

호레이쇼, 하늘과 땅에는

자네의 학문이 꿈도 꾸지 못할 사실이 수두룩하다네.

—『햄릿』Hamlet, 1막 5장 중

예수의 부활이라는 문제를 다룰 때 우리는 무언가를 놓칠 수 있다. 신자들은 자신의 부활 신앙을 뒷받침하는 단서들을 모으느라 분주할 수 있다. 믿지 않는 이들은 이러한 신앙을 거부하거나, '예수는 제자들의 정신이나 마음에서 다시 살아났을 뿐'이라며 부활의 의미를 축소하기도 한다. 이러한 논쟁에서 많은 사람은 부활 자체나 부활한 예수의 현현과 같은 특정 주장들에 너무 몰두한 나머지, 은연중에 자신의 논증과 결론을 이끄는 무언가, 즉 하느님, 인간, 그리고 물질세계에 대한 자신의 기초 신념과 배경 이론들을 간과할 수 있다.

1990년대에 게르트 뤼데만Gerd Lüdemann[+]이 쓴 책 한 권이 독일, 그리고 어느 정도는 영어권 국가들에서 많은 논쟁을 불러일으켰다.[1] 이 책은 일부 통찰력 있는 의견과 비평을 담고 있었지만, 면밀하게 검토하면 무너지는 주장들도 다수 포함하고 있었다. 이를테면, 그는 바울이 부활 체험을 한 이유는 그가 히스테리 환자였기 때문이라고 주장했다. 이처럼 오래전 세상을 떠난 인물의 무의식을 추측하고 그의 심리를 다룬 전기를 쓰려는 시도는 잘못되었다고밖에 할 수 없다. 하지만 더 큰 문제, 진짜 문제는 인간 지식의 본성에 대해 뤼데만이 갖고 있는 배경 이론이다. 그는 "진리에 대한 거침 없고 정직한 탐구"를 통해 부활을 "왜곡되지 않은 시각"으로, "부활 증언들을 둘러싼 역사적 맥락을 순전히 역사와 경험에 근거한 방식으로 살펴"보려 했다. 그런 뤼데만이 자신과 의견이 다른 이들을 "교조주의"자들, "편견"을 가진 이들, 심지어 "증명해야 할 부분에 미리 판단을 내린" 이들로 비난하는 건

---

1 Gerd Lüdemann, *The Resurrection of Jesus: History, Experience, Theology* (Minneapolis: Fortress Press, 1994).

어떤 면에서 불가피한 일이다.[2]

버나드 로너건Bernard Lonergan+을 비롯한 여러 학자가 비판했듯, 인간의 지식과 관련해 뤼데만이 갖고 있는 관점은 앎이 그저 "정직하게 바라보는 것"에 관한 문제라고 가정하는 순진한 실재론이다. 거침없고 왜곡되지 않은 정직함을 가지고 연구했다는 뤼데만의 주장은 여러 학자가 비판해 온 오류를 되풀이하는 것이다. 그는 마치 자신이 아무런 선입견 없이, 순수하게, 역사에 근거하여, 중립적으로, 학문다운 접근을 취할 수 있다고, 그리스도의 부활도 여느 역사 속 사건처럼 객관적으로 분석할 수 있다고 생각한다. 그러나 모든 성서, 역사 연구는 '현실'을 평가하고 설명하기 위한 사전 판단과 정교한 체계를 기반으로 이루어진다. 어디에도 속하지 않는 관점이나 전제 없는 연구란 존재하지 않으며, 가능하지 않고 바람직하지도 않다.[3]

하지만 뤼데만은 자신이 완전히 정직한 탐구를 수행하고

---

2 위의 책, 6, 14~15, 19, 69, 178, 211. *Gregorianum* 77 (1996), 357~9에 실린 나의 서평을 보라.

3 다음의 글을 보라. Thomas Nagel, *The View from Nowhere* (Oxford: Oxford University Press, 1985). Alan G.Padgett, 'Advice for Religious Historians: On the Myth of a Purely Historical Jesus', *The Resurrection* (Oxford: Oxford University Press, 1997), 287~307.

있으며, 다른 이들이 하지 못하는 일을 하고 있다고 주장한다. 그는 자신이 어떠한 편견도 없이 증거를 살펴본다고 하지만, 사실은 자신이 인정하고자 하는 증거들만 보고 있다. 따라서 뤼데만과 토론하기 위해서는 일반 지식, 특히 역사 지식과 관련된 그의 결함 있는 배경 이론들부터 다루어야 한다. 부활에 대해 뤼데만이 내린 결론은 그가 부활 문제를 다루며 가져온 몇몇 철학 전제들(그리고 뒤에서 보겠지만, 신학 전제들)에 의해 미리 결정된 것처럼 보인다. 이 전제들은 예수의 운명과 관련해 그가 받아들일 수 있는 지식의 폭을 치명적으로 좁혀 놓았다.

뤼데만의 사례는 우리가 부활을 다룰 때 유의해야 할 사항이 무엇인지 알려 준다. 이제부터는 사람들이 가진 몇 가지 배경 이론을 살펴보고자 한다. 이 이론들은 겉으로 잘 드러나지 않으나(물론 가끔은 분명하게 드러날 때도 있다) 사람들이 예수의 부활을 판단하거나 거부하는 데 커다란 영향을 미친다. 지금부터는 배경 이론 중 "하느님이 이 세계에서 어떻게 활동하시는가"라는 생각부터 다루어 보겠다.

하느님, 하느님의 행동, 신앙

그리스도의 부활을 연구하는 일부 저자는 이미 결론을 내리고 이 문제를 다루는 경향이 있다. 그들은 부활이 무엇을 의미하든, '하느님이 특별한 방식으로 죽은 예수를 새롭게, 변모된 존재로 일으켰다'는 의미는 될 수 없다고 생각한다. 이들은 하느님이 물리법칙을 가진 우주를 창조한 뒤에는 언제나 그 법칙을 존중하며, 결코 그 법칙을 중단시키거나 뛰어넘는 방식으로 행동하지 않는다고 본다. 이런 생각을 하는 학자들은 신약성서에 기록된 기적을 논할 때 17~18세기 고전적인 이신론자들이 취했던 태도와 같은 태도를 보인다. 그들은 이 기적들을 '분별력 있는' 사람이 아닌 단순히 잘 믿는 이들에게만 호소력을 발휘하는 일종의 신화로 보고 무시하며, 특별한 하느님의 행동이라는 관념은 배제한다. 이런 사고방식으로는 '하느님이 죽은 예수를 영광스럽고 궁극적인 생명으로 일으키셨기 때문에, 그의 무덤은 비어 있었다'는 증언을 결코 받아들일 수 없다. 이를테면 뤼데만은 세계에 대한 과학의 묘사를 지지한다면서 처음부터 기적을 배제하고, 하느님의 독특한 행동이 예수를 무덤에서 일으켰을 가능성을 차단한다.[4]

---

4 Gerd Lüdemann, 'The Resurrection of Jesus: The Greatest Hoax in History', *Forum* 10 (1994), 161~75, 특히 162~65, 168. 그리고 다음을 참조하라. Gerd Lüdemann, *What Really Happened to Jesus?* (London: SCM Press, 1995), 135~7. Gerd Lüdemann, *The Resurrection of Jesus*, 180~81.

하지만 이처럼 하느님의 특별한 행동에 대한 '금지'를 꼭 받아들여야 하는 것일까? 우주를 하느님이 전혀 관여할 수 없는 원인과 결과의 닫힌 연속체로 보아야 하는 걸까? 이러한 부정은 세계를 완고하게 획일화된 체계로 보는, (과학이 아닌 '과학주의'에서 나온) 심각한 결함이 있는 철학에서 비롯되지 않았을까? 이러한 관점은 완전한 자유와 사랑으로 행동하는 전능하고, 편재하는 하느님에 대한 신앙과 양립할 수 있을까? 피조 세계와 그 법칙, 그리고 그 안에서 일어나는 작용은 매 순간 하느님에게 의지한다. 그리고 그런 하느님은 우리에게 아직은 분명하지 않은, 혹은 앞으로도 이해하지 못할 수 있는 어떤 선한 이유로, 그런 법칙을 뛰어넘을 수 있다. 하느님은 보통 세계의 자연 질서와 그 기능을 존중하시지만(그래서 피조 세계의 법칙을 거스르는 빈번한 예외를 만들지 않으시지만) 예수를 죽음에서 살리는 일과 같은 특별하고 심지어 유일무이한 행동을 하시는 길을 차단하지는 않으신다. 이 경우 그분은 세계를 창조하고 유지하는 일상적인 '행동'과는 질적으로 구별되고 다른 방식으로 행동하신 것으로 볼 수 있다.

일부 학자는 하느님의 전능을 부정함으로써 하느님에 대한 이런 묘사를 약화하려 한다. 그들은 하느님이 죽음 앞에서는 어떤 일도 할 수 없고, 예수는 물론 다른 누구에게도 새

롭고 영광스러운 생명을 줄 수 없다고 본다. 이를테면 알렉
산더 J. M. 웨더번Alexander J. M. Wedderburn은 부활을 연구하면서
그 사실성과 의미에 대한 판단을 유보하는 것으로 끝맺는다.
그는 부활 이후 예수의 현현, 빈 무덤의 역사성, 예수의 새로
운 생명, 그리고 그를 따르는 이들의 궁극적인 부활에 대해
철저하게 불가지론의 입장을 견지한다. 그는 예수가 자신의
생명을 하느님에게 바쳤음을 강조하고, 우리도 그와 같은 길
을 걷자고 제안하며 글을 마무리 짓는다. 예수의 본을 따라
연약한, 이 세상에서의 신앙과 삶을 받아들여야 한다는 것이
다.[5] 이때 바울, 요한, 그리고 다른 신약성서의 부활 증인들
과 무엇을 공유하기를 원하는지, 원하지 않는지를 결정하는
건 웨더번의 하느님 관념이다. 그와 유익한 논쟁을 하려면,
그의 구체적인 성서 해석을 살피기 전에 그의 신학, 철학 전
제들을 다루어야 할 것이다. 과연 하느님이 전능하지 않으면
서도 하느님일 수 있을까?[6]

다른 일부 학자가 그러하듯 웨더번 역시 신앙은 오히려
증거가 적을수록 빛을 발한다고 생각하고 있으며, 이런 생각

---

5 Alexander J. M. Wedderburn, *Beyond Resurrection* (London: SCM Press, 1999),
   220~26.

6 위의 책, 217~18.

이 부활에 대한 그의 불가지론의 바탕이 된다. 특히 그는 "부활 이야기들에서 확실한 증거를 찾지 않고도 부활을 믿는 신앙의 연약함"을 치켜세운다.[7] 하느님이 죽음을 이긴 사건을 통해 신앙을 정당화하는 것이 오히려 신앙의 순수함을 훼손하는 것인 양 말이다. 그렇다면 합리적이지 않을수록 신앙이 더 참된 신앙이 되는 것인가?

30년 전쯤, 빌리 막센Willi Marxsen[+]도 이와 비슷한 확신을 담아 부활을 해석했다. 그에게 신앙이란 일종의 "모험", 어떠한 증거 없이도 하느님의 부름에 응답하는 헌신이었다. 그래서 막센은 예수가 부활했다는 증거를 바탕으로 예수를 믿게 되면, 이는 참된 신앙이 아니라고 보았다. 신앙은 단지 증거를 넘어서는 것이 아니라 증거와 반대편에 있어야 한다고, 합리적인 근거는 오히려 신앙을 망친다고 본 것이다. 이러한 맥락에서 막센은 부활한 예수를 직접 본 사람들의 증언을 믿고 예수를 따르게 된다면, 이는 진정한 의미의 신뢰와 헌신이 아니라고 이야기했다.[8]

웨더번과 막센은 근거 없는 연약한 신앙을 옹호한다는 점

---

7 위의 책, 220.

8 Willi Marxsen, *The Resurrection of Jesus of Nazareth* (London: SCM Press, 1970), 150~54.

에서 일치하며, 이는 부활을 바라보는 그들의 관점을 어느 정도 미리 결정한다. 막센의 경우 밀접하게 연결되어 있는 또 다른 전제, 즉 역사가와 신자에 대한 관계를 좀 더 명확하게 설명한다. 그에 따르면 역사가는 정보를 다루며, 과거에 어떤 사건이 실제로 일어났는지를 결정하는 일만을 맡는다. 막센은 "예수가 죽음에서 부활했느냐는 질문에 역사가는 반드시 '모른다. 더는 알아낼 수 없다'고 답해야 한다"고 말한다. 설령 역사가들이 이 질문에 긍정적으로 답한다 하더라도, 그런 "예수 부활의 현실성에 대한 고립된 이야기"는 신앙과는 별개의 진술이며, "다소 특이한 사건에 대한 보고"에 불과하다.[9] 여기서 막센은 '역사가'와 '신앙인'을 완전히 다른 존재로 본다. 하지만 많은 이는 이러한 구분이 신앙의 인지적 측면을 신앙의 결단과 부당하게 분리하는 것이며, 신앙을 (역사에 기초한) 이성에서 철저하게 고립시키는 것이라고 본다. 게다가 이러한 구분은 현실을 무시한다. 실제로는 한 사람이 역사가임과 동시에 신자(혹은 비신자)일 수 있다. 이때 그는 하나의 통합된 인격체로서 생각하고 믿는다(혹은 믿지 않는

---

9   위의 책, 22~3, 30, 110, 118, 119. 막센이 자신의 입장을 얼마나 엄격하게 밀고 나가는지를 보면 그저 놀라울 따름이다. 그는 그리스도교의 핵심 사건을 놀라울 정도로 담담하게 "조금 특이한 사건" 정도로 치부한다.

다). 이런 사람들은 자신을 '정신분열증' 환자로 취급하는 것에 반대할 것이다. 그들은 자신의 믿음(혹은 믿음 없음)과 자신의 연구가 별개가 아니라고 생각하기 때문이다.

유비에 대한 탐구

지금까지 십자가에 못 박힌 예수가 맞이한 운명, 부활을 가능하다고, 혹은 불가능하다고 생각하게 만드는 몇 가지 배경 이론('중립적인' 역사 지식에 관한 이론, 하느님이 창조한 우주의 법칙을 뛰어넘기를 바라지 않는다거나 심지어 그렇게 할 수 없다고 생각하는 이론, 신앙은 신뢰할 만한 역사 정보로부터 독립적이며 심지어 이를 배제한다고 여기는 이론)을 검토했다. 이 이론들 외에 다른 배경 이론들은 유비와 밀접한 관련을 맺고 있으며, 예수의 부활한 생명에 대한 유비, 신약성서의 증인들이 예수의 부활을 알게 된 주된 방식인 부활 후 현현에 대한 유비도 여기에 포함된다.

어떤 학자들은 겉으로 보기에 아무리 특별해 보이더라도 이와 비슷한 사례를 찾으면 '학문으로' 설명할 수 있다는, 근대에 널리 퍼진 '신앙' 혹은 배경 이론을 공유하는 듯하다. 이들에 따르면 해 아래 새로운 것은 없다. 어떤 독특한 사건들도 우리가 이미 가지고 있는 지식 체계로 설명할 수 있다고,

따라서 신약성서가 전하는 막달라 마리아, 베드로, 바울을 비롯한 여러 증인에게 부활한 예수가 나타난 사건 역시 사별 경험, 신비 체험에 대한 일반적인 '법칙'으로 설명할 수 있다고 그들은 생각한다. 이러한 접근은 성서 속 증인들이 주장하는 예수의 현현, 죽음에서 부활한 그리스도와 그가 나타난 사건의 독특성과 유일회성을 무디게, 평범하게 만드는 것이다. 특정 유비들과 각 유비가 배경 이론으로 작동하는 방식을 살펴보기 전에, 먼저 유비에 관한 일반적인 내용을 살펴보겠다.

유비를 중시하는 이들은 사건, 사물, 혹은 사람 사이에 의미 있는 유사성을 찾는다. 그들은 비교를 하면서 비교 대상 사이에 많은 유사점을 발견할 수도 있고, 그러지 못할 수도 있다. 그리고 그 유사점은 실제로 매우 분명할 수도 있고, 반대로 매우 희미할 수도 있다. 이를테면 두 식물 사이에 유사성이 너무 많고 분명하면 둘은 동일한 종이라는 결론을 내릴 수 있다. 반대로 거북이와 운동장처럼 둘 사이에 유사성이 너무 적고 희미하다면, 둘을 가지고 유비를 활용하는 것은 거북이나 운동장 모두를 이해하는 데 어떤 도움도 되지 않을 수 있다. 거북이는 살아 있고, 작고, (상대적으로) 움직일 수 있지만, 운동장은 (살아 있는 잔디와 지렁이가 있다고는 하나 기본적으로) 죽어 있고, 크고, (상대적으로) 움직이지 않는다. '유사함-다름'이라는 척도로 보면 사물과 사물 사이의 유비, 사건과 사건의 유비는 이 두 극단 사이 어디에나 위치할 수 있다. 둘 사이에 유사성이 적고, 희미할 경우 유비는 우리의 이해와 해석에 별다른 도움이 되지 않는다. 그럴 때는 유비를 활용한 논증을 시도해서는 안 된다. 또한, X(이를테면 거북이)가 한 가지 측면, 혹은 여러 측면에서 Y(운동장)와 비슷하다고 해서, 거북이와 운동장이 다른 측면에서도 비슷하리라고 넘겨짚을 수는 없다. 논리상 많은 유사성이 있다고 해서 두 사물이나 사건이 다른 측면에서도 꼭 비슷하리라는 결론을 내릴 수는 없기 때문이다.

유비는 무언가를 증명하거나 이전에 알지 못했던 것, 알지 못하는 것을 알려 주지는 못한다. 대신 유비는 우리가 이미 알고 있는 것을 통해 새로운 것을 이해하는 데 도움을 준다. 이를 통해 우리는 기존의 앎과 믿음 위에서 새로운 정보를 더 잘 이해하게 되고, 매우 독특한 주장이라 할지라도 그럴 수 있겠다며 받아들이게 된다. 즉, 유비는 새로운 정보를 우리가 이해할 수 있는 맥락에 배치하고, 때로는 이를 일반적인 원리로 확장하는 데 도움을 준다.

하지만 일부 사람들은 이런 유비를 잘못 사용한다. 유비는 특이한 주장, 더 나아가 독특한 주장을 희생시키면서 익숙하게 만드는 방향으로 쓰여서는 안 된다. 유비는 두 가지가 유사하면서도 동일하지 않음을 보여 주는 것이므로, 이를 통해 우리는 둘의 차이도 인정하고 유비 대상의 새로운 측면도 받아들일 수 있어야 한다. 유비는 '완전히 동일한 것'이 아닌 '어느 정도 유사한 측면'을 찾는 것이기에, 새로운 무언가를 이해하는 데 도움을 주면서도 그 새로움을 인정한다. 유비를 근거로 매우 낯설거나, 완전히 새로운 무언가의 가능성을 처음부터 거부하고 배제해서는 안 된다.[10]

부활에 대한 유비들

처음 메시지를 선포할 때부터 그리스도인들은 죽음에서 부활한 예수를 말할 때 유비를 활용했다. 부활은 사람들이 알고 있는 그 어떤 사건과도 전혀 비교할 수 없고, 유비가 불가능한, 완전히 새로운 사건일 수는 없었다. 그랬다면 초기 그리스도인들은 물론 누구도 이를 이해하지 못하고 아무런 말도 할 수 없었을 것이다. 처음부터 이 사건과 관련해서는 자연, 성서, 성사의 유비가 작동하고 있었다. 먼저 피조 세계

---

10 다음을 참조하라. Cecil A.J.Coady, *Testimony: A Philosophical Study* (Oxford: Clarendon Press, 1992), 179~98.

와 관련된 일상에서 흔히 겪는 경험에서 가져온 몇 가지 유비를 살펴보겠다.

초기 그리스도인들이 부활을 전할 때 일관되게 사용한 동사 자체가 유비를 포함하고 있었다. 그들은 '에게이로'ἐγείρω(일으킴을 받는다)를 사용하여 예수에게 일어난 일이 마치 누군가 잠에서 깨어나는 일과 같다고 말했다. 또한, 그들은 '아니스테미'ἀνίστημι라는 말을 씀으로써 예수가 (살아 있는) 두 발로 다시 일어섰다고 이야기했다. 이처럼 신약성서에서 예수와 다른 이들의 부활에 적용한 두 동사는 자연의 유비를 내포하고 있다. 이는 다른 유비들을 위한 길을 열었다. 그리스도인들은 바울이 고린토인들에게 보낸 첫째 편지 15장 35~44절(그리고 요한복음서 12:24)에서 보여 준 예시에 힘입어 자연 세계의 풍요로움에서 유비들을 가져왔다. 씨앗이 땅에 뿌려지면 식물은 싹을 틔운다. 밤이 지나면 새 날이 밝아 오며, 겨울의 죽음이 지나간 후에는 봄의 새 생명이 온다. 바울과 초기 그리스도인들은 임신과 출산의 경이로움을 보며 부활하신 그리스도께서 죽은 자들 중에 "처음으로 나신 분"(이를테면 로마 8:29, 골로 1:18)이심을 떠올렸다. 그러나 이 모든 유비는 그리스도의 부활이 결정적이고, 단 한 번 일어난 변혁의 사건이라는 믿음, 따라서 추수, 계절의 변화, 아기의

탄생처럼 피조 세계에서 반복해서 일어나는 놀라운 일들 그이상의 사건이라는 믿음의 제한을 받았다.[11]

이제 성서의 유비를 살펴보자. 초기 그리스도인들은 지혜서의 구절("피조물의 웅대함과 아름다움으로 미루어 보아 우리는 그것들을 만드신 분을 알 수 있다"(지혜 13:5))을 이 새로운 창조에 적용했다. 부활을 새로운 창조로 보고 창세기 1~2장에 기록된 원原창조 사이의 유비는 그 대표적인 예다. 바울은 십자가에 달리고 부활한 그리스도가 "마지막 아담"(1고린 15:2~23, 45~49)이라는 주제를 발전시키면서 "첫 사람"(아담)과 "두 번째 사람"(그리스도)를 비교, 대조한다. 또한, 그는 로마인들에게 보낸 편지 5장 후반부에서 죽음을 가져온 첫 사람과 생명을 가져온 두 번째 사람 사이의 차이점을 강조하려 애썼다. 그럼에도 이러한 비교는 그 자체로 원창조와 부활이라는 새로운 창조 사이에 어떤 유사성이 있음을 의미한다. 아담과 하와를 정점으로 하는 물질세계를 창조하시며 하느님께서는 존재하지 않았던 것들을 존재하게 하셨다. 이제 그분은 부활을 통해 세상을 다시 창조하실 때 존재했으나 죽은 것을 새로운

---

11 예수의 부활과 관련한 유비에 관한 더 자세한 논의는 다음을 보라. Gerald O'Collins, 'The Risen Jesus: Analogies and Presence', *Resurrection* (Sheffield: Sheffield Academic Press, 1999), 195~217, 특히 197~9를 보라.

존재로 부르신다. 이러한 맥락에서 첫 번째 아담과 마지막 아담 사이의 대조는 최초의 창조와 부활이라는 새로운 창조 사이의 어떤 유사성을 포함하고 있다.

십자가 사건과 부활이 유월절에 일어났기에 신자들은 자연스럽게 유대 백성의 이집트 해방 사건과 예수가 죽음에서 해방된 사건 사이의 유사성을 보았다. 그들은 하느님의 영광이 이 두 구원 활동 가운데 드러났다고 보았다. 이집트 해방 사건과 그와 관련된 여러 세부 내용은 예수가 죽음에서 부활로 해방된 사건을 이해하고 해석하는 데 영감을 주고 심화시켰다(이를테면 1고린 5:7). 이집트 해방 사건이 부활을 증명하기 위해 일어난 사건은 아니지만, 그리스도인들은 부활을 설명하고 더 깊이 이해하기 위해 이집트 해방 사건을 활용했다.

한편, 히브리인들에게 보낸 편지의 저자는 예수의 죽음과 하늘 성소 입성에 대한 유비로 연중 속죄일, 혹은 욤 키푸르 Yom Kippur를 들었다. 이 익명의 저자는 제사장직의 자격, 희생이라는 용어, 제사장이 직무를 수행하는 장소와 같은 문제에서 둘의 유사성을 자세히 설명했다. 동시에 그는 예수의 제사장직과 레위 혈통의 제사장직 사이에 존재하는 차이점들도 강조했다. 예수의 제사장직이 확연히 다른 점은 하느님의 아들이 죽고 부활함으로 성취된 제사장의 행위에는 유일회성이 있다는 것이다. 히브리인들에게 보낸 편지는 예수의 제사장직을 설명하기 위해 유대 제사장들과의 유사성과 차이점을 적극적으로 활용한다. 이 유비는 매년 특정한 날에 일어나는 익숙한 의식을 비교 대상으로 삼은 반면, 이집트 해방 사건의 유비는 역사에서 단 한 번 일어난 사건을 비교 대상으로 삼았다는 점에서 차이가 있다.

　마지막으로 마태오는 요나, 그리고 니느웨 사람들을 향해 했던 요나의 설교를 언급한 예수의 말씀(루가 11:29~30, 32)을 확장했다. 그는 역사상 단 한 번 일어난 특별한 사건, 바로 물고기가 요나를 삼켰다는 경이로운 이야기에서 유비를 발견했다. 마태오는 요나의 표징이 예언자가 커다란 물고기 뱃속에서 사흘 낮과 밤을 보낸 일을 포함한다고 보았고, 이를 사람의 아들이 땅속에서 사흘 낮과 밤을 보낸 사건에 대한 유비로 삼았다(마태 12:39~41). 이처럼 초기 그리스도인들은 성서 기록, 즉 창세기의 창조 이야기, 하느님 백성과 관련해 오랜 시간이 지나 자세한 내용은 희미해졌지만, 신앙의 근간이 되는 핵심 사건(이집트 해방 사건), 욤 키푸르라는 연례행사, 그리고 (요나의 모험으로 대표되는) 생생하고 확장된 비유에서 예수의 부활에 대한 유비를 발견했다.

마태오가 요나 이야기를 유비로 활용한 건 오랫동안 예술에 영향을 미쳤다. 카타콤에 벽화를 그리던 이른 시기부터 그리스도교 예술가들은 요나의 모험 이야기와 예수의 죽음, 매장, 무덤에서 나온 일의 유사성을 계속해서 발견했다. 또한, 그리스도교 예술과 문학은 홍수에서 건짐받은 노아와 가족들, 사자굴에서 건짐받은 다니엘, 불타는 용광로에서 건짐받은 세 젊은이, 사악한 두 노인에게서 건짐받은 수산나*와 같은 성서의 이야기들에서 부활의 유비를 발견했다. 그중에서도 이집트 해방 이야기는 예수를 통해 이루어진 구원을 보여 주는 가장 대표적인 원형으로 남았다. 그리스도교 전례는 여러 방식을 통해 이 유비의 중요성을 보여 준다. 이를테면 성 토요일 예배에서는 모세와 미리암이 부른 노래를 사용하는데, 이 노래들은 본래 이스라엘 백성이 이집트 노예 생활에서 벗어났을 때 하느님을 찬미하며 불렀다.

이처럼 초기 그리스도인들은 예수가 죽음에서 부활했음을 표현하기 위해 자연의 유비, 성서의 유비와 함께 성사의 유비를 사용했다. 특히 세례와 성찬은 최초의 성금요일과 부활 주일에 일어난 사건들의 의미를 드러냄과 동시에 이 사건

---

* 수산나 이야기는 로마 가톨릭 교회와 정교회에서 제2 경전으로 인정하는 70인역 다니엘서에 나온다.

들에 의해 자신들의 의미를 드러낸다. 그리스도교가 시작된 이래 신자들은 단 한 번 세례를 받는 행위를 예수의 죽음, 매장, 부활을 성사라는 표징으로 재현하는 것으로 이해했다. 세례받은 이들은 그리스도와 함께 죽고 매장당함으로 죄로부터 자유하게 되고, 새로운 생명으로 부활한다(로마 6:1~11, 골로 2:12~13). 물론 이런 성사도 예수의 부활과 닮은 점과 함께 다른 점이 있다. 예수는 말 그대로 매장되었고, 무덤에서 건짐받았다. 반면 세례의 경우, '매장되었다'는 말과 물에서 '건짐받았다'는 말은 의미가 확장된 것이다. 보통 세례 받는 이는 세례 가운데 문자 그대로의 죽음과 매장을 경험하지 않는다. 플래너리 오코너Flannery O'Connor는 『힘쓰는 자들이 차지한다』The Violent Bear it Away에서 어리석은 아이가 호수에서 세례를 받음과 동시에 익사하는 이야기를 들려준다. 하지만 그녀가 이렇게 세례와 문자 그대로의 죽음을 연결한 것은 일종의 문학 장치일 뿐 실제 세례의 모습은 아니다.

성찬은 정기적으로 거행되는 의례이며, 이를 통해 그리스도인들은 예수의 죽음과 부활을 생생하게 기억하고 그 사건들과 일종의 유비를 이루는 상황에 머물게 된다. 바울이 말했듯 성찬은 "(부활하신) 주님께서 오실 때까지 그분의 죽음을 선포하는 것"(1고린 11:26)을 의미한다. 이처럼 그리스도교는 처음부터 단 한 번의 의례(세례)와 반복되는 의례(성찬)를 통해 예수의 죽음과 부활에 대한 유비를 제공했다.

정리하면, 그리스도교는 초기부터 자연의 유비, 성서의 유비, 성사의 유비를 사용하여 예수의 운명을 설명하려 했다. 자연의 유비와 성서의 유비는 부활한 예수를 보았다고 주장한 이들과 그들에게 부활 소식을 들은 이들, 즉 첫 번째 제자들의 부활 신앙을 뒷받침하고 명확하게 한 배경 이론이 되어 주었다. 또한, 이들은 세례를 베풀고 성찬을 거행하기 시작했는데, 이 의례들은 유대교의 역사와 관습에 깊게 뿌리내리고 있으면서도 부활한 예수에 대한 신앙을 지속적으로 뒷받침했다. 이처럼 초기 그리스도인들은 자연에서, 성서에서, 그리고 그리스도교 성사들에서 길어 올린 여러 유비를 바탕으로 부활의 의미를 더 깊이 이해하고 받아들였다.

사별 경험들

이제부터는 신약성서가 전한, 부활한 그리스도의 현현 사건에 대해 좀 더 자세히 살펴보려 한다. 고린토인들에게 보낸 첫째 편지 15장 5~8절에서 바울이 전한 여섯 번의 현현 기록(세 번은 개인에게, 세 번은 여럿에게)은 정확히 무슨 일이 일어났는지에 관해 별다른 정보를 제공하지 않는다. 복음서와 사도행전 1장에 있는 부활 이야기도 너무나 간략하다. 그렇다면 이와 유사한 다른 사례들을 살펴보고 유비로 활용한다면 이 이야기의 공백을 채울 수 있을까?

예를 들어, 부활한 예수가 막달라 마리아, 베드로, 바울을 비롯한 여러 사람에게 나타났다는 신약성서의 기록에서 오늘날 사별한 사람들이 경험하는 일들, 세상을 떠난 배우자와 만나는 일과 비슷한 면을 발견할 수 있을까?[12] 부활한 예수가 나타난 사건과 유족들이 사랑하는 고인을 만나는 경험 사이에 어떤 의미 있는 유사성이 있을까? 면밀하게 검토해 보면 이러한 비교는 적절하지 않으며 별다른 통찰을 주지 않음을 알 수 있다. 이를 자세히 살펴보자.

W. 데위 리스W. Dewi Rees는 「사별한 가족이 겪는 환각」The Hallucinations of Widowhood이라는 선구적인 논문에서 과부 227명과 홀아비 66명을 대상으로 한 연구 결과를 발표했다.[13]

---

[12] John Hick, *The Metaphor of God Incarnate* (London: SCM Press, 1993), 24~6.

[13] W. Dewi Rees, 'The Hallucinations of Widowhood', *British Medical Journal* (2 October 1971), 37~41. 이 글에 대한 설명은 본문에서 다룰 것이다. 필립 H. 위브Phillip H.Wiebe가 지적했듯 '환각'이라는 용어는 "이론을 내포한 표현"이다. 이 용어는 어떤 현상을 있는 그대로 묘사하는 것처럼 보일 수 있지만, 무엇이 현실인지, 그리고 인간이 무엇을 알 수 있는지에 대한 많은 가정을 숨기고 있다. Phillip H.Wiebe, *Visions of Jesus* (New York: Oxford University Press, 1997), 195.

연구에 따르면, 전체 293명 중 46.7%에 달하는 사람들이 하루 중 여러 번 죽은 배우자를 경험했다고 답했다(다만, 이 연구에서 꿈은 다루지 않았다). 답변자들은 고인의 현존을 느끼거나(39.2%), 모습을 보거나(14%), 목소리를 듣거나(13.3%), 대화를 나누거나(11.6%), 드물게는 손길을 느꼈다(2.7%)고 답했다. 어떤 이들은 하나 이상의 경험을 했다고 답하기도 했으며, 전체 응답자 중 36.1%에 달하는 사람들이 이런 경험을 수년간 했다고 답했다.

리스는 이러한 경험을 '환각'hallucination이라 불렀는데,『아메리카나 백과사전』Encyclopedia Americana 1996년판은 환각을 '실제 외부 자극이 없는 상태에서 감각 경험을 보고하는 것'으로 정의한다. 이어서 사전은 환각이 정신질환자들에게 "매우 흔히 나타나며", 정상적인 사람도 "극심한 피로"를 겪거나 감각 차단 상태(이를테면 실험실에서 실험할 때)에 있을 경우 이를 경험할 수 있다고 설명한다. 다른 학자들의 경우, 리스보다는 좀 더 순화된 단어를 사용한다. 이를테면 앤드루 그릴리Andrew Greeley의 경우 종교 경험을 다루는 책에서 한 장의 제목을 '종교 이야기들과 죽은 이들과의 만남'Religious Stories and Contact with the Dead으로 지었다.[14] 리스가 '환각'이라는 말을 사용하는 것에는 자신이 보고한 경험을 부정적으로 평가하고 있음을 암시하는데, 정작 그가 조사한 이들 중에는 정신질환자, 극도의 피로감을 느끼고 있던 사람, 혹은 감각 차단 상태에 있던 이가 없다는 사실과는 맞지 않는다. 연구 대상자 중 사별 이후 치료가 필요할 정도의 우울증에 시달린 사람은 17.7%였던 반면, 68.6%의 사람들은 이러한 환각 경험이 자신에게 도움이 되었으며 25.5%는 도움이 되지는 않았으나 불쾌하지도 않았다고 답했다. 이 연구를 통해 리스는 "환각이란 배우자의 사별을 겪은 이가 흔히 겪는 경험"이라고 결론지었다.

리스가 말하는 배우자들의 사별 경험과 예수가 죽고 매장된 이후에 제자들이 겪은 경험에는 몇 가지 비교할 만한 점이 있다. 둘 모두, 사랑하는 사람이 죽은 뒤에 어떠한 식으로든 만남이 있었고, 그 만남은 살아 있는 이들에게 대체로 유익했고, 활력을 불어넣었다. 그러나 더 상세하게 비교해 보면 둘 사이에 중대한 차이가 드러난다. 먼저, 예수는 공개 처형대에서 끔찍하고 치욕스러운 죽음을 맞이했고, 제자들은

---

14 Andrew M.Greeley, *Religion as Poetry* (New Brunswick: Transaction Publishers, 1996), 217~27.

그가 죽음을 맞이하기 전 자신의 정체성과 사명을 두고 한 특별한 주장을 기억하고 있었다. 리스가 조사했던 과부와 홀아비 293명 중 이런 경우는 없었으며, 270명이 집(161건) 또는 병원(109건)에서 세상을 떠났다. 그러한 면에서 리스가 연구한 사례들은 신약성서가 보고하는 내용(예수가 자신을 두고 한 선포와 그가 겪은 끔찍한 죽음, 그리고 제자들이 처한 상황)과는 전혀 다른 특징을 보인다. 그 밖에도 흔히 사람들이 겪는 사별 경험이 예수의 부활에 대한 유비가 되기 힘든 이유들이 있다.

앞서 언급했듯 리스가 연구한 과부들과 홀아비들은 모두 개인적으로 세상을 떠난 배우자의 현존을 느끼거나, 보거나, 목소리를 듣거나, 대화를 나누거나, 손길을 느꼈다고 했고 이들 중 40%에 달하는 사람들은 수년간 거듭해 이러한 경험을 했다. 하지만 리스가 연구를 하기 전까지 자신의 경험을 타인에게 이야기한 사람은 27.7%에 불과했으며, 나머지는 가까운 친구나 친인척에게도 알리지 않았다. 그의 연구에 따르면 사별을 경험한 이들 중 누구도 자기 삶의 방식이 극적으로 변화하는 경우, 자신의 경험과 그 경험이 의미하는 바를 세상에 선포하고자 선교사가 되는 경우는 없었다. 이 모든 차이점은 사별 경험이 예수의 제자들이 처한 상황과 다르다는 것을 보여 준다. 제자들의 경우, 개인뿐만 아니라 "열두 제자"와 "오백 명이 넘는 형제자매"(1고린 15:5, 6)라는 집단이 예수를 보았다고 기억했다. 이들은 예수를 수년 동안 거듭해 만나지 않았다.[15] 또한, 예수를 만났던 이들은 이 좋은 소식을 재빨리 다른 이들에게 전했다. 그들은 리스의 연구 중 72. 3%에 달하는 사람들처럼 자신의 경험을 홀로 간직하지 않았다. 우리가 알고 있는 바에 따르면, 베드로, 바울 같은 이들은 다른 사람들에게 새로운 경험을 전하기만 하지도 않았다. 이들의 삶은 극적으로 변화했으며, 십자가에 달리고 부활한 예수를 증언하는 선교사가 되었다. 이처럼 사별한 이들의 경험과 예수의 제자들이 겪은 경험 사이에는 여러 가지 중대한 차이가 있으며, 이 차이들은 가볍게 무시하거나 일축할 수

---

15 여기서 (베드로와 바울에 관한) 두 가지 사항을 짚어볼 필요가 있다. 먼저, 루가에 따르면 베드로는 부활한 주님을 목격(1고린 15:5, 루가 24:34)한 지 몇 년이 지난 뒤, 주님의 목소리를 들은 적이 있다(그러나 보지는 못했다. 사도 10:14, 11:8). 둘째, 바울은 부활한 주님에게 들은 몇 가지 말씀을 전하는데(2고린 12:9), 이는 주님을 목격하고(1고린 15:8) 몇 년이 지난 후였다. 루가는 바울의 전승을 바탕으로 하면서도 자신의 신학과 목적에 맞게 이야기를 구성해 밤에 있었던 두 번의 환상과 낮에 있었던 한 번의 환상을 이야기한다(사도 18:9~10, 22:17~21, 23:11). 이러한 사건들은 다마스쿠스 도상에서 주님을 만난 이후 일어났지만, 부활한 주님이 바울에게 어떤 말씀도 없이 나타났던 그 근본적인 사건(1고린 9:1, 15:8)과는 다르다. 이 사건들은 바울에게 그리스도의 부활을 입증하지 않으며, 중요한 상황 가운데 주님이 그에게 하신 말씀에만 초점을 맞추고 있기 때문이다.

없다. 둘 사이에 밀접한 유사성이 있다는 주장은 사실을 왜곡하는 것이다.

리스의 선구적인 연구가 발표된 후, 콜린 머레이 파크스 Colin Murray Parkes도 사별에 대한 연구에 많은 기여를 했는데, 뤼데만이 인용한 건 바로 파크스가 공동으로 수행했던 한 연구다.[16] 1983년 파크스는 49명의 과부와 19명의 홀아비를 대상으로 애도 경험을 연구했다. 이 연구에서 중요한 것은 이들의 배우자가 모두 자연사 혹은 사고로 세상을 떠났다는 것이다. 자살 혹은 살인(물론 처형도 포함된다)으로 세상을 떠난 경우는 연구의 의도에 따라 배제되었다. 파크스는 훗날 자신의 저서 『성인기 애도와 관련된 사별 경험 연구』Bereavement Studies of Grief in Adult Life에서 많은 지면을 할애해 배우자의 사별을 경험한 이들이 그 고통을 줄이기 위해 고인의 흔적을 "찾고" "발견"함을 보여 준다. 이어서 그는 이러한 시도를 통해 그들이 세상을 떠난 배우자가 현존하는 것 같은 경험을 하고 이와 관련된 꿈을 꿀 수 있다고 말했다. '환각'이라는 용어를 쓰지는 않았지만, 파크스는 고인이 된 배우자를 "부재하는 사람"이라 정의하면서 이렇게 결론 내린다.

---

16 Gerd Lüdemann, *The Resurrection of Jesus*, 99, 125, 각주 398.

고인에 대한 꿈이 아무리 행복할지라도, 고인이 여기에 없다는 슬픈 깨달음이 이내 뒤따라온다.[17]

주목할 만한 점은, 신약성서에 있는 부활 전승에서는 예수가 죽음을 맞이한 후, 영광스럽게 살아 있는 모습으로 나타났다고 전한 이들이 이러한 '슬픈 깨달음'을 전혀 언급하지 않는다는 것이다.

지금까지 예수의 부활 후 출현에 대한 사람들의 해석에 영향을 미치는 배경 이론을 검토하면서, 그중 (최근 등장한) 사례인 사별 경험을 살펴보고 평가해 보았다. 사별한 이들이 겪는 경험은 신약성서가 전하는 부활한 예수의 현현과 별다른 유사성이 없다. 데위 리스, 콜린 머레이 파크스와 같은 이들이 발표한 연구는 신약성서에 있는 부활 증언을 설명하는 데 별다른 도움이 되지 않는다.

그러나 뤼데만은 1835년 다비드 프리드리히 슈트라우스 David Friedrich Strauss가 제시했던 주장의 현대판을 만들면서 이 연구들을 활용했다. 슈트라우스는 부활 후 출현은 단순히 제자들의 마음에서 일어난 내적, 심리적 사건일 뿐이며 외부

---

17 Colin Murray Parkes, *Bereavement Studies of Grief in Adult Life* (London: Routledge, 1996), 65.

의 어떤 객관적 원인에 의해 일어난 사건이 아니라고 말했다. 간단히 말해, 부활한 예수의 출현은 순전히 제자들의 주관적인 환상이며, 이에 상응하는 외부의 현실은 없었다는 것이다. 뤼데만은 이를 "환각"이라고 부르며, 애도의 심리학으로 "완전히" 설명할 수 있다고 주장한다.[18] 애도의 심리학에 대한 그의 배경 이론은 부활 출현이 진정으로 새로운 사건일 가능성을 원천적으로 차단한다. 뤼데만에 따르면 부활한 예수 체험은 일부 사람들이 겪은 사별 경험의 과거 사례일 뿐이다.

이제는 아돌프 다이스만Adolf Deissmann[+], 루돌프 오토Rudolf Otto[+], 알베르트 슈바이처Albert Schweitzer[+], 이블린 언더힐Evelyn Underhill[+]과 같은 학자들이 제안한 또 다른 유비, 신비로운 환상과 부활 경험을 비교하는 것에 대해 살펴보겠다. 이들 중 몇몇(다이스만과 슈바이처)은 바울에 대한 성서 연구를 바탕으로 부활 문제를 다뤘으며, 또 다른 이들(이를테면 언더힐)은 기

---

18 Gerd Lüdemann, *The Resurrection of Jesus*, 97~100. 여기서 부활 체험에 대한 슈트라우스의 설명은 2세기 켈수스Celsus가 그리스도교를 공격하며 했던 주장과 유사하다. 켈수스는 부활한 그리스도를 만났던 베드로의 경험을 이렇게 설명했다. "그는 수많은 사람이 그래왔듯, 자신이 간절히 원하던 바를 실제로 일어난 일로 받아들였다." Origen, *Contra Celsum*, 2.55. 『켈수스 반박』(분도출판사).

도와 신비주의 연구의 연장선에서 부활 문제를 다뤘다.[19]

신비로운 환상

사별 경험과 부활을 유비 관계로 살피고자 했던 이들은 하느님의 존재와 죽음 이후의 영원한 삶에 대해 불가지론을 취했다. 연구 대상이 된 과부들이 수년간 경험한 일들을 긍정적으로 평가하더라도, 그 경험은 순전히 인간의 관점, 현세라는 관점으로만 평가해야 한다고 그들은 생각했다. 그러나 그 이전에 활동했던 학자들은 부활한 예수를 만나는 체험을 신비로운 환상과 관련된 지식에 비추어 살펴보았고, 예외 없이 하느님과 내세를 자신들의 유비에 포함했다. 이들에게 환상은 결코 환각이 아니다. 이 환상은 '천국을 향한 창'을 열어 주고 그 체험을 한 이들을 하느님과 긴밀하게 연결해 준다. 이 유비는 사건의 본질을 축소하지 않기에 예수가 부활 후에 나타난 사건의 놀랍도록 새로운 면모, 유일무이한 특성도 받아들일 수 있게 해 준다. '신비 체험'이라는 말에는 다음과 같은 의미가 담겨 있다.

---

19 이와 관련하여 다양한 견해 전반에 대한 설명과 참고문헌은 다음을 참조하라. James D.G.Dunn, 'Christ Mysticism', *The Theology of Paul the Apostle* (Grand Rapids, Michigan: Eerdmans, 1998), 390~96. 『바울신학』(크리스챤다이제스트).

(1) 하느님을 개인이 직접, 어떠한 매개 없이 마주하는 강렬한 경험

(2) 본인이 노력해서 얻어 내는 경험이 아니라 받는 경험

(3) 하느님에 대한 특별한 앎을 얻게 하거나, 하느님과의 친교를 나누게 하는 경험

(4) 삶의 방식이 송두리째 변화되는 경험

(5) 고통스러운 '어두운 밤'과 관련된 경험

(6) 다른 이들을 사랑하고 섬기도록 자극을 주는 경험.[20]

여기서 제시한 모든 정의에는 논쟁의 여지가 있고 이견이 있을 수 있다. 상세한 설명이 필요하고, 그리스도교 안팎에서 나타나는 신비 체험의 모든 것을 담아내지 못할 수도 있다. 예를 들어, (1)에서 하느님을 직접, 혹은 '매개 없이' 만난다는 주장은 좀 더 세밀한 설명이 필요하다. 신비주의 분야의 전문가들은 어떠한 매개, 혹은 중재 없는 하느님 체험은

---

20 신비 체험에 대한 간략한 설명과 더 많은 참고문헌을 알고 싶다면 다음을 참조하라. F.L.Cross and E.A.Livingstone(ed.), 'Mysticism, Mystical Theology', *Oxford Dictionary of the Christian Church* (Oxford: Oxford University Press, 1997), 1127~28. 그리고 다음 책에 있는 데니스 터너 Denys Turner의 글을 참조하라. A.Hastings et al. (eds.), *Oxford Companion to Christian Thought* (Oxford: Oxford University Press, 2000), 460~62.

사실 언제나 이러저러한 방식으로 '매개'를 거친다고, '중재'가 있다고 주장한다. (2)에도 의문을 제기할 수 있다. 우리가 신비 체험을 '받았다'고 말할 수 있을까? 이와 같은 경험은 언제나 하느님이 거저 주는 놀라운 선물인 것일까? (4)와 관련해서 보자면, 신비 체험을 한 사람 중에는 특별한 신비 체험을 받기 전에 이미 철저하게 삶이 변화한 이들이 있다. 이 경우, 신비 체험은 삶의 방식 가운데 이미 일어난 변화를 확인하고 강화하는 데 도움을 주는 것이다. 그러나 좀 더 세밀하게 논의할 부분은 잠시 제쳐 두고, 이 여섯 가지 요점을 부활의 증인에게, 이를테면 바울에게 적용해 본다면 어떻게 될까? 이 특징들이 실제로 나타났다고 할 수 있지 않을까? 이를 검증하기 위해, 사도행전(9장, 22장, 26장)에 나오는 루가의 기록은 제외하고, 바울이 직접 언급한 다마스쿠스에서의 체험과 그 이후의 삶을 살펴보도록 하겠다.

바울은 기본적으로 부활한 주님과의 만남이나 "예수 그리스도의 계시"(갈라 1:12)를 통해 받은 것을 상세히 설명하는 데 별다른 관심이 없다. 다만 갈라디아인들에게 보낸 편지에서 그는 말했다.

내가 전에 유대교에 있을 적에 한 행위가 어떠하였는가를,

여러분이 이미 들은 줄 압니다. 나는 하느님의 교회를 몹시 박해하였고, 또 아주 없애버리려고 하였습니다. 나는 내 동족 가운데서, 나와 나이가 같은 또래의 많은 사람보다 유대교 신앙에 앞서 있었으며, 내 조상들의 전통을 지키는 일에도 훨씬 더 열성이었습니다. 그러나 나를 모태로부터 따로 세우시고 은총으로 불러 주신 하느님께서, 그 아들을 이방 사람에게 전하게 하시려고, 그를 나에게 기꺼이 나타내 보이셨습니다. 그 때에 나는 사람들과 의논하지 않았고 … 그 뒤에 나는 시리아와 길리기아 지방으로 갔습니다. 그래서 나는 유대 지방에 있는 그리스도의 교회들에게는 얼굴이 알려져 있지 않았습니다. 그들은 다만 "전에 우리를 박해하던 그 사람이, 지금은 그가 전에 없애버리려고 하던 그 믿음을 전한다" 하는 소문을 들을 따름이었습니다. (갈라 1:13~16, 21~23)

여기서 바울이 말한 여러 내용은 앞서 정의한 신비 체험의 특징에 부합한다. 먼저 그는 (1) 하느님과의 직접적인 만남에 대해 이야기한다. 그에 따르면 하느님께서는 "그 아들을 … 나에게 기꺼이 나타내 보이셨"으며, 다른 곳에서 한 표현을 빌리면 "나에게도 나타나셨다"(1고린 15:8). 일부 학자들은 갈라디아인들에게 보낸 편지를 주석하면서 바울이 다마스쿠스 도상에서 하느님을 만난 경험을 일종의 '황홀경'으로 보기도 한다. 그러나 바울은 갈라디아인들에게 보낸 편지는 물론 다른 편지 어디에서도 다마스쿠스 도상에서의 만남을 그런 식으로 표현하지 않았다.[21] 신비주의 전문가들도 황홀경이 신비 체험의 본질적인 요소는 아니라는 데 동의한다.

둘째, 주권자는 하느님이시며, 그분의 자유가 (2) 바울에게 일어난 일의 특징을 결정한다. "아들의 계시"는 그분이 정하신 때에 일어났다. 바울이 태어나기도 전에 하느님은 당신의 특별한 목적을 위해 바울을 선택하셨고, 은총으로 그를 사도직으로 부르셨다. 바울은 "그리스도께서 나를 사로잡으셨"(필립 3:12)다고 말하면서, 그리스도와의 만남, 은총과 그에 따른 변화를 표현했다. 신비 체험의 세 번째 특징인 (3)과 관련해 바울은 자신이 "내 주 예수 그리스도를 아는 존귀한 지식"(필립 3:8)을 받았다고 말했다. 이 지식은 인간이 통상적으

---

21 루가에 따르면, 바울은 다마스쿠스 도상에서 주님을 만나고 예루살렘으로 돌아와 성전에서 기도를 올렸으며, "기도하는 가운데 황홀경에 빠져 … 서둘러서 예루살렘을 떠나라"는 예수의 음성을 들었다(사도 22:17). 이어지는 이야기에서도 바울은 황홀경을 통해 이방인들을 향한 자신의 소명을 재확인한다. 여기서 루가는 구약성서에서 자주 발견되는 '주님께서 이렇게 말씀하셨다'라는 형식을 따르고 있다.

로 알 수 있는 앎의 기준을 넘어선다(2고린 5:16). 이 특별한 앎이라는 선물은 영광스러운 그리스도와 친밀하고 변함없는 친교를 가능케 했고, 바울에게 자신이 "그리스도 안에" 속해 있으며, 삶에서 온전한 친교를 누린다는 강렬한 느낌을 주었다. 이러한 맥락에서 그는 말한다.

> 이제 살고 있는 것은 내가 아닙니다. 그리스도께서 내 안에서 살고 계십니다. (갈라 2:20)

신비 체험의 나머지 세 가지 특징도 바울이 자신을 두고 한 말에서 확인할 수 있다. 다마스쿠스 도상에서 경험한 사건이 그에게 미친 영향은 (4) 그의 삶을 송두리째 변화시켰다. 유대 그리스도교인들이 놀랄 정도로 "하느님의 교회를 몹시 박해하였고, 또 아주 없애버리려고 하였"던 사람이 완전히 달라졌다. 바뀐 그는 한때 자신이 없애버리려 했던 신앙을 선포했다. 신비 체험은 박해자를 사도로 변화시켰다. 벌거벗겨진 신앙과 취약한 사랑을 동반한 어두운 고난의 밤(5)은 그리스도가 바울을 사도직에 임명하기 위해 "사로잡으신" 후 따라온 고통스러운 경험에 대한 바울의 반복된 기록들에서 엿볼 수 있다(2고린 4:8~12, 6:4~10, 11:23~33, 12:7~10). 이 고통들은 신비 체험에서 비롯된 결과였다. 마지막으로 (6)과 관련해, 신비 체험은 바울을 다른 사람들로부터 멀어지게 하기는커녕, 진정한 신비가들이 으레 그러하듯 한없이 관대한 사랑을 가지고 그들에게 다가가게 했다(1고린 15:8~10). 또한, 바울은 타자를 섬기는 자기 활동의 특징을 아버지의 사랑(1고린 4:15, 1데살 2:11)과 어머니의 사랑(갈라 4:19, 1데살 2:7)에 빗대어 이야기했다.

그렇기에 환상과 같은 신비 체험과 신약성서 속 증인(바울)의 부활 체험 사이에는 몇 가지 유사한 점들이 있다. 그러나 칼 라너Karl Rahner*는 이러한 유비를 지나치게 강조하거나 제자들의 부활 체험을 일반적인 종교 신비 체험과 동일시하는 것에 매우 조심스러운 입장을 취했다. 그는 부활 체험이 지닌 독특한 속성을 강조했고, 심지어는 이를 "철저하게 독특한 경험"이라고까지 말했다. 그가 이렇게 말한 이유는 부활 체험이 교회 역사의 특정 시기에만 일어난 일회성 사건이며, 초기 교회를 세우기 위해 선택받은 증인들에게 주어진, 특별한 사명과 연결되어 있기 때문이다.[22]

---

22 Karl Rahner, *Foundations of Christian Faith: An Introduction to the Idea of Christianity* (New York: Seabury Press, 1978), 276~77. 『그리스도교 신앙 입문』(분도출판사). 라너는 자신의 초기 저서에서 그리스도교 신비주의자들의 체험과 예언사의 체험을 다뤘으며, 환각과 진정한 체험을 분

라너는 보통 신학 저술을 할 때 자신의 주장을 뒷받침하기 위해 그 근거로 구체적인 성서 구절을 인용하지는 않는다. 그러나 위와 같은 이야기를 하며 그는 고린토인들에게 보낸 첫째 편지 15장 8절("그리스도께서 마지막으로 나에게도 나타나셨습니다")과 요한복음서 20장 29절(이 구절은 부활의 증인들은 "보고 믿었지만", 이후 신자들은 보지 않고도 믿어야 함을 암시한다)을 염두에 두었을 것이다. 부활한 예수와 베드로, 막달라 마리아, 바울과 같은 초기 증인들이 구체적으로 어떻게 만났든 간에 일정 시기 이후에는 그러한 만남이 일어나지 않았다. 신약성서 역시 이러한 부활 체험은 초기 교회의 특정 인물들만 겪었다고 증언한다. 이처럼 초기 증인들의 부활 체험과 후대 신자들의 영적 체험 사이에는 중요한 차이가 있다. 초기 증인들의 체험은 교회의 기초를 놓는 특별한 사명과 관련이 있었다. 이는 교회 역사의 특정 시기에만 필요했고, 후대에는 반복될 수 없었다.[23] 이러한 관점에서 라너는 교회의 창

별하는 기준에 대해 논의했다. 이와 관련해서는 다음 저서를 참조하라. Karl Rahner, *Visions and Prophecies* (New York: Herder and Herder, 1963).

[23] Gerald O'Collins and Robert D.Kendall, 'The Uniqueness of the Easter Appearances', *Focus on Jesus* (Leominster: Gracewing, 1996), 111~27. 이 글은 다음 논문의 요약본이다. Gerald O'Collins and Robert D.Kendall, 'The Uniqueness of the Easter Appearances', *Catholic Biblical Quarterly* 54 (1992), 287~307.

시자들이 교회의 기초를 놓는 단 한 번의 특별한 임무를 받았듯 그들이 경험한 부활 체험 역시 다시는 반복될 수 없는 특별한 성격을 지녔다고 이야기한다(1고린 9:1 참조). 그에게 이 특별한 부활 체험은 일반적인 신비 체험과 동일시될 수 없었다.

사도를 포함한 교회의 창시자들이 특별하고 유일무이한 사명을 받았으며, 이후 교회의 역사에서는 대체할 수 없는 역할을 감당했다는 점에는 동의할 수 있으며 나 또한 이를 지지한다. 그러나 이러한 사명이 그 사명을 의식하는 데 결정적인 역할을 한 체험(부활한 그리스도가 나타난 것)도 특별하고, 유일무이해야 함을 의미할까? 특별한 사명을 받은 사람은 반드시 특별하고 유일무이한 체험을 해야 하는가? 그 둘 사이의 관계는 어떠한가? 그리고 그 관계를 어떻게 설명할 수 있는가? 전체 구원의 역사를 살펴보면, 즉 아브라함, 예언자, 신약성서의 주요 인물들의 이야기를 보면 이 관계를 (조심스럽지만) 설명할 수 있다고 나는 생각한다. 성서에서는 일관되게 그들의 핵심 체험과 이후 사명 사이에는 어떠한 연결 고리가 있다고 말하는 것처럼 보인다. 물론 많은 경우 우리는 이 인물들이 자신의 사명을 감당케 한, 혹은 이를 촉발한 원인, 혹은 체험(이를테면, 구약의 예언자가 부름을 받은 일, 예수가 세례를 받는 가운데 일어난 일)보다는 그들이 그 결과 무슨 일을 했는지를 더 잘 알고 있다. 그럼에도 불구하고, 특별한 사명을 받은 사람들은 모두 다른 사람은 경험하지 못한, 혹은 완전히 유사하지는 않은 독특한 체험을 전제하는 것처럼 보인다.

라너는 첫 제자들의 부활 체험이 "외부에서 주어진 것"이며 스스로 "만들어 낸 것"이 아니라는 점을 의식함과 동시에 이 체험이 자신들에게 "익숙했던" 환상 체험과도 다름을 알고 있었다고 주장한다.[24] 여기서도 그는 구체적인 성서 구절을 인용하지는 않지만, 신약성서는 그의 주장을 충분히 뒷받침한다. 신약성서는 다양한 환상 체험을 소개하지만, 부활한 주님이 나타난 사건에 대해서는 이와 매우 다른 방식으로 기록한다. 천사가 요셉을 만나 말씀을 전한 사건(마태 1:20~21, 2:13, 19~20)과는 달리, 부활 체험은 결코 꿈꾸는 중에 일어나지 않는다. 요한복음서 20장 19절을 제외하면, 사도행전이 언급하는 여러 '계시 사건'(16:9~10, 18:9, 23:11, 27:23~24)처럼 밤중에 일어나지도 않았다. 또한, 부활한 주님이 나타난 사건은 베드로가 보았던 하늘에서 내려온 장막의 환상과도 비슷

---

24 Karl Rahner, *Foundations of Christian Faith*, 276~7.

하지 않다. 베드로는 그 환상을 깨어 있는 낮에 경험했기는 했으나, 부활 현현과는 달리 일종의 황홀경 상태에서 경험했다(사도 10:9~16).

신약성서는 몇몇 구절에서 '환상'이라는 표현을 사용하지만(루가 24:23, 2고린 12:1), 부활한 그리스도가 나타난 사건을 두고서는 이 표현을 거의 쓰지 않는다.[25] 단 한 구절(사도 26:19)만 쓸 뿐이다. 좀 더 중요한 사실은 루가가 세 가지 형태로 기록한 다마스쿠스 도상에서의 사건 외에는 부활 이후 그리스도가 나타난 사건을 '익숙한' 종교 체험, 신비로운 환상으로 여기지 않는다는 것이다. 실제로, 루가가 이 만남을 전할 때, 바울 주변에서는 빛이 비치며, 바울은 누군가 자신을 예수라고 밝히는 음성을 듣는다(사도 9:3~8, 22:6~11, 26:12~18). 사도행전 9장 17절과 26장 16절이 있음에도 불구하고 루가복음서는 바울이 환상이나 현현 중에 예수를 보지

---

25 특히 주목할 만한 구절은 고린토인들에게 보낸 둘째 편지 12장 1~4절이다. 여기서 바울은 "주님의 환상과 계시들(모두 복수형이다)"을 언급하면서도 실제로 무언가를 보았다고 말하지는 않는다. 그는 몸 밖으로 나가 천국을 여행하는 듯한 체험(기원후 30년대에 부활한 예수를 처음으로 만난 사건이 아닌, 기원후 40년대에 있었던 어떤 체험)도 하지만, 무언가를 보지 않았으며 "들었다"고 말한다. 더구나 그가 들은 내용은 "말로 표현할 수도 없고 사람이 말해서도 안 되는" 것이어서 다른 사람들과 나눌 수 없었다.

못했다고 전한다. 물론 첫 제자들이 무엇을 '의식'했고, 무엇에 '익숙'했는지를 이야기할 때는 신중해야 한다. 그럼에도 신약성서가 부활 후에 그리스도가 나타난 사건을 다른 데서 언급하는 환상과 황홀경과는 '다른' 사건으로 기억한다는 사실은 변하지 않는다. 부활 현현들이 끝났을 때도, 환상과 황홀경은 계속되었다(사도 10:9~16, 44~46, 27:23~24, 계시 1:10~20). 이러한 맥락에서 부활한 예수가 나타난 사건은 신비로운 환상과는 분명히 다르다는 라너의 주장은 타당해 보인다.

라너의 논의에 한 가지 보충할 점은 신약성서는 부활한 예수가 개인뿐만 아니라 집단, 특히 "열두 제자"(이를테면 1고린 15:5)와 500명에 달하는 사람들(1고린 15:6)에게도 나타났음을 보고한다는 것이다. 베드로, 막달라 마리아, 바울과 같은 개인들의 부활 체험은 아빌라의 테레사나 십자가의 성 요한 같은 신비가의 환상 체험과 비슷해 보일 수 있다. 하지만 집단의 부활 현현 체험은 신비가들의 환상 체험과는 완전히 성격이 다르다.

라너는 교회 설립과 관련된 특별한 체험과 과업들을 남긴 신약성서의 기록뿐 아니라 그리스도교 신학 전통에서 이 문제를 어떻게 다루었는지도 검토했다. 특히 그는 부활한 그리스도의 현현 사건과 후대 신비가(아빌라의 테레사, 십자가의 요한

등)의 환상 체험이 어떻게 다른지 설명했다. 라너는 말한다.

> 그리스도교 신비주의 신학에서도 예수를 보았다고 하는 신비가들의 체험을 사도들의 부활 체험과 동등하게 보지 않으며, 그들을 "부활의 증인"으로 인정하지도 않는다. 부활하신 그리스도에 대한 우리의 신앙은 사도들의 증언에 바탕을 두고 있다.[26]

물론 그리스도교 역사에서 위대한 신비가들은 기도와 신앙 생활의 스승으로 교회에 커다란 영향을 미쳤다. 하지만 그들, 혹은 그들의 해석자 중 누구도 신비가의 체험이 초기 제자들의 부활 증언과 동등한 가치를 지닌다고 주장하지 않는다. 신비가들의 환상 체험은 교회 내외 사람들에게 그리스도의 사랑을 확인시켜 주는 역할은 할 수 있다. 하지만 (성찬 기도문에 나오듯) 사도들에게 전해 받은 부활 신앙의 기초가 될수는 없다. 이러한 환상은 예수의 죽음과 부활, 그리고 성령 강림으로 완성된, 근본적인 '계시'(갈라 1:12, 16)의 범주에 속하지 않기 때문이다.

---

26 Karl Rahner, *Foundations of Christian Faith*, 274.

그리스도의 환상

가능할 법한 유비를 한 가지 더 간략히 살펴보고자 한다. 바로 오늘날 예수를 보는 환상 체험이다. 앞서 언급했듯 필립 위브는 인터뷰가 가능한 사람 중 부활한 예수를 환상 가운데 보았다고 이야기한 사례 28건(남자 11건, 여자 17건)을 연구했다.[27] 그는 이러한 "경험이 신약성서에 기록된 부활한 예수 현현 기록의 바탕이 된 체험들과 어떠한 유사성이 있는지"를 탐구하고자 했다. 위브의 보고에 따르면 매우 다양한 상황(예배 외에도 일상에서 일어나는 여러 상황), 다양한 교파(성공회, 로마 가톨릭, 그리스 정교회, 감리교, 여러 개신교파뿐만 아니라 특정한 그리스도교 공동체에 소속되지 않은 경우도 있었다), 다양한 장소(호주, 캐나다, 잉글랜드, 미국, 웨일스), 그리고 다양한 연령(환상을 보았던 때를 기준으로 14세부터 91세까지 있었다)을 가진 사람들이 환상 가운데 예수를 체험했다.

오늘날 예수를 보는 환상도 본래 부활 현현 사건과 몇 가지 특징을 공유하는 것으로 보인다.

(1) 부활한 예수가 나타난 사건의 주도권이 오롯이 예수

---

27 Phillip H. Wiebe, *Visions of Jesus*, 특히 40~88.

에게 있었듯, 이들이 경험한 예수의 환상 또한 시작과
기간, 내용 모두 경험한 이들이 시작하거나 통제할 수
없었다.

(2) 여러 환상은 부활한 예수의 현현에 대한 마태오와 루가,
요한의 기록과 마찬가지로 평범한 환경과 일상 가운데
일어난 것으로 보고된다.

(3) 환상을 경험한 이들은 예수를 따르며 사명을 감당하다
가 십자가에서 끔찍한 최후를 맞이할 것을 보았던 제자
들처럼 고통과 고난의 시기를 겪는 가운데 예수의 환상
을 경험했다.

그러나 둘 사이에는 차이가 있다. 위브는 무엇보다도 그
리스도의 환상을 경험한 사람들이 환상 가운데 만난 인물을
망설임 없이 자신 있게 예수라 답했다는 점에 주목한다. 그
들이 경험한 환상에 이런 특징이 있다는 점은 루가복음서 24
장 13~31절, 36~43절, 요한복음서 20장 14~15절, 21장 4절,
마태오복음서 28장 17절에 기록된 사건과는 분명한 차이가
있음을 보여 준다. 성서에 기록된 사건에 따르면 제자들은
예수를 처음 만났을 때 의심했으며, 심지어 한동안 알아보지
못했다. 게다가 오늘날 그리스도 환상을 체험한 사람들은 거

듭해서 영광스러운 광채를 이야기한다. 그러나 다마스쿠스 도상에서 부활한 그리스도를 만난 바울의 경험을 증언한 루가의 기록(사도 9, 22, 26장)을 제외하면 신약성서 어디에서도 이러한 광채를 언급하지 않는다. 위브는 신중한 태도를 가지고 그리스도의 환상과 부활 이후 예수의 현현 사이의 유사성에 접근했으며, 다른 유사성을 찾는 이들이 하지 못한 일을 했다. 그는 유사성과 차이점 모두에 주목했으며, "신약성서의 기록이 분명하지 않기 때문에 명확한 유사성을 확립하기 어렵다"는 현명한 결론을 내린다.[28] 그 외에도, 최초의 부활한 예수 현현 사건은 현대에 일어나는 환상 체험과 달리 하느님이 희생당한 예수를 회복시켰고, 그렇게 하여 앞으로 다가올 모든 사람의 부활과 모든 것의 종말이 시작되었다는 놀라운 복음을 처음으로 전했다는 점에서 커다란 차이가 있다.

지금까지 부활한 예수의 현현 사건을 설명할 수 있을 법한 세 가지 유비, 즉 슬픔을 겪은 유족의 경험, 신비 체험, 오늘날 일어나는 그리스도 환상을 상세하게 검토해 보았다.[29]

---

28 위의 책, 145.

29 어떤 이들은 더 많은 유비를 소개하고자 부활한 예수의 현현을 구약성서에 기록된 하느님의 현현이나 그리스도인들의 성령 체험과 비교하기도 한다. 그러나 이 유비 또한 분명한 한계를 갖고 있다. 구약성서와 관련해서는 다음을 참조하라. Gerald O'Collins and Robert

자세히 들여다보니 사별 경험은 부활 사건과 의미 있는 비교를 할 수 있을 정도의 유사성을 지니고 있지 않다. 신비 체험은 여섯 가지 측면에서 비교할 만한 부분이 있지만, 좀 더 자세히 검토해 보면 정확히 들어맞지 않는 면들이 있다. 일종의 상상이라 할 수 있는 신비로운 환상은 신약성서 저자들에게 익숙한 것처럼 보이지만, 죽은 자 가운데서 영광스럽게 부활한 예수를 만난 일에 대한 바울 및 여러 부활의 증인들의 증언과는 사뭇 다르다. 오늘날 '그리스도를 만나는' 체험은 신약성서에 기록된 부활한 예수의 현현과 일부 비슷한 점이 있다. 그래서인지 일부 사람들은 이러한 체험을 통해 부활 신앙을 더 신뢰하게 되기도 한다. 그러나 그 유사성 역시 제한적이다. 이러한 환상이 막달라 마리아, 베드로, 바울을 비롯한 초기 그리스도인들이 부활한 예수를 목격한 사건의 본질을 밝혀 주는지에 대해서는 사람마다 각기 다른 판단을 내릴 수 있다.

여러 유사 사례를 검토해 보았지만, 좀 더 근본적인 문제가 남아 있다. 바로 신약성서에 나오는 증인들의 증언을 어

D. Kendall, 'The Uniqueness of the Easter Appearances', *Focus on Jesus*, 113~15. Gerald O'Collins, *Jesus Risen* (Mahwah, NJ: Paulist Press, 1987), 91~4. 성령 체험과 관련해서는 다음을 참조하라. Gerald O'Collins, *Retrieving Fundamental Theology* (Mahwah, NJ: Paulist Press, 1993), 142~7.

떻게 평가해야 하느냐는 문제다. 이 문제에 대해서는 다음 장에서 자세히 다룰 것이다. 지금까지는 사람들의 기초 신념들과 배경 이론들이 예수의 부활을 이해하는 데 얼마나 커다란 영향을 미치는지를 살펴보았다. 신약성서가 기록한 개인과 집단의 부활 체험 이해는 이런 기본 관점에 따라 크게 달라질 수 있다. 부활 신앙을 받아들일지 말지를 판단할 때, 사람들은 흔히 이와 유사해 보이는 사례들을 일종의 유비로 활용해 부활 사건과 비교해 보곤 한다. 하지만 이러한 비교, 유비가 적절한지는 신중하게 검토해야 한다. 또한, 죽은 이들 가운데 부활한 예수에 대한 신앙의 신뢰성을 높이거나 낮출 수 있는 다른 요인들도 검토해 보아야 한다.

||

역사적 증거와 그 한계

우리는 자신이 믿는 것이 참이라고 믿는다. 그래서 향후 어떤 진실이 드러나든 자신의 믿음과 충돌하지 않으리라고 본다.

— 바스 반 프라센Bas van Fraassen

나는 더는 부활을 믿지 않는다. 나에게는 합리적인 정신이 있다. 나에게는 이성을 존중하는 신앙이 필요하다.

— 헉슬리 그리브Huxley Grieve

1장에서는 주로 그리스도교 외부에서 제기되는 관점을 비판하고 평가해 보았다. 이 관점, 그리고 이 관점에 의해 형성된 배경 이론은 전능하신 하느님을 부정하며, 애초부터 그리스도의 부활에 대한 믿음을 불가능하게 만든다. 또한, 1장에서는 부활, 그리고 부활한 예수 현현 이야기들을 이해하는데 도움이 되는 여러 유비를 살펴보고 평가해 보았다. 어떤면에서는 뤼데만과 막센이 한 비판들을 다룰 때부터 한 가지중요한 문제가 제기되었다고 할 수 있다. 바로 예수가 죽은자 가운데서 부활했다는 이야기를 믿거나 믿지 않을 때 역사적 지식은 어떤 역할을 하느냐는 문제다. 이미 2세기에 켈수스는 최초로 부활 신앙과 관련된 주요 사건들, 이를테면 부활한 예수가 여러 사람 앞에 나타났다는 이야기의 신빙성을역사적 근거를 들어 무너뜨리려 한 바 있다. 하지만 오리게네스Origen 같은 신자들은 역사가 신앙을 훼손한다고 생각하지 않았다. 오히려 그들은 켈수스와 그의 후계자들에 맞서(부분적으로라도) 역사를 고찰하고 이를 근거 삼아 자신의 신앙을 변호했다.

그렇다면, 역사적 지식과 부활 신앙에는 어떤 연관성이 있다고 해야 할까? 이 질문에 답하기 위해서는 먼저 서로 대립하는 두 가지 극단적인 주장은 피해야 한다. 하나는 신앙은역사적 증거와 아무런 관련이 없다는 주장이고, 다른 하나는 신앙이 역사적 증거에 따라 자연스럽게 도출된다는 견해다.

두 가지 극단

때는 1998년, 그리스도의 부활을 다룬 논문을 발표했을 때였다. 논문을 읽은 어떤 사람이 내게 편지를 보냈다. 편지에서 그는 여러 주장을 했는데 그 중 핵심은 "그리스도의 부활과 지구에 존재하는 인간의 실존과 역사는 아무런 관련이 없다"는 것이었다. 그는 덧붙였다. "이건 신앙과 관련된 문제입니다." 편지를 보낸 이는 이성과 신앙을 철저하게 분리하고 역사에 대한 사유와 신앙은 서로 독립된 영역이라고 보는 이들의 입장을 대변했다. 이들은 흔히 임마누엘 칸트 Immanuel Kant가 『순수이성비판』The Critique of Pure Reason 2판 서문에 남긴 문장을 인용하곤 한다.

나는 신앙을 위한 자리를 만들기 위해 앎을 제쳐 두어야 한다.

내게 편지를 쓴 사람과 그가 대변하는 이들은 이런 논리에 입각해 부활을 인간의 역사에서 완전히 분리한다. 그들은 부활 신앙은 일종의 '무풍지대'에 있어서, 역사 연구나 역사적 사실이 이에 어떤 영향도 미칠 수 없다고 여긴다. 편지를 보낸 사람은 계속해서 말했다. "부활은 이를 신뢰하느냐에 달려 있으며 인간이 발견하고 설명할 수 있는 종류의 사건이 아닙니다." 여기서 우리는 그의 기본 입장을 알 수 있다. 그가, 그리고 그와 견해를 같이하는 이들이 보기에 역사란 오직 인간이 "발견하고 설명할 수 있는" 사건들로만 이루어진다.

역사에 대한 이러한 관점에 대해서는 부활한 그리스도가 현현한 사건과 빈 무덤을 발견한 것에 대한 신약성서의 증언을 살펴보면서 다시 다루어 보겠다. 일단 여기서는 한 가지만 지적하겠다. 신앙에 대한 확신이 인간 이성의 활동과 아무런 관련이 없다는 주장과 마찬가지로, 내게 편지를 쓴 사람 역시 '신앙은 이성과 무관하다'고 주장하면서, 그 주장을 입증하기 위해 이성에 입각한 논증을 하고 있다. 외람된 말이지만, 이런 주장은 자기모순에 빠질 수밖에 없다. 신앙과 이성을 분리해야 한다고 주장하고 신앙을 내세우면서, 바로 그 주장의 정당성을 위해 이성을 사용하기 때문이다.

한편, '그리스도의 부활'은 필연적으로 "지구에 존재하는 인간의 실존 및 역사"와 연결되어 있다고 말하는 이들도 있다. 예수가 이 땅에서 살지 않았고, 역사 가운데, 특정한 날에 죽지 않았다면 누구도 그가 죽은 이들 가운데서 부활했다고 말할 수 없었을 것이다. 예수의 부활에 관한 모든 주장은 이런 기본적인 의미에서 인간의 실존 및 역사에 뿌리내리고 있다. 게다가 우리가 사용하는 모든 언어는 "인간의 실존 및 역사"에 속해 있다. 그러한 면에서 우리가 그리스도의 부활에 대해 말한다는 사실 자체가 이미 부활을 인간의 역사로 끌어들이는 것이라 할 수 있다.

내게 편지를 보낸 이의 주장에는 명백한 결함이 있지만, 무의미하지는 않다. 그의 주장은 부활과 관련된 "신앙, 신뢰, 약속, 희망"이 인간의 역사 및 역사적 추론과 무관하다는, 부활과 관련된 양극단 중 한쪽의 입장을 선명하게 보여주기 때문이다. 이 반대 극단에는 볼프하르트 판넨베르크Wolfhart Pannenberg[+] 같은 이들이 있다. 이 극단에 속한 이들은 역사 연구만으로도 신앙을 정당화하고 형성할 수 있다고 주장한다. 부활을 합리적 논증으로 입증할 수 있다는 것이다.

판넨베르크는 예수의 부활을 받아들이는 것이 역사의 증거에 기초한 판단이라는 신념을 단 한 번도 버린 적이 없다. 1960년대에 그는 말했다.

2천 년 전 어떤 일이 일어났는지는 신앙이 아닌 역사 연구

를 통해서만 분명하게 밝힐 수 있다.[1]

많은 사람은 역사 연구를 그리스도교와 부활 신앙에 위협이 된다고 여기지만, 판넨베르크는 역사학자들이 예수 부활에 관한 증거를 긍정적으로 평가할 수 있고, 그래야 한다고 보았다. 그가 보기에 부활한 그리스도께서 나타난 사건은 고대에 일어난 그 어떤 사건보다도 확실한 증거가 있었다. 판넨베르크는 고린토인들에게 보낸 첫째 편지 15장 1절부터 8절에서 바울이 제시한 증인들의 목록이 부활이 사실임을 입증하며 "당시 기준으로 설득력 있는 역사적 증거"라고 이야기했다.[2] 또한, 빈 무덤을 발견한 일 또한 역사적 사실이라고 그는 주장했다. 판넨베르크가 보기에 이는 부활한 주님을 본 이들의 증언이 참임을 입증하는 증거였다. 그는 말했다.

> 예수의 시신이 안장된 무덤을 보기만 해도 그들의 주장을 반박할 수 있었다면, 예루살렘에 머물던 제자들이 어떻게 그의 부활을 선포할 수 있었겠는가? 부활 사건과 관련된 모든 이가 빈 무덤을 사실로 받아들이지 않았다면, 부활 소식

---

1 Wolfhart Pannenberg, *Jesus—God and Man* (London: SCM Press, 1968), 99.
2 위의 책, 89.

은 예루살렘에서 단 하루도, 아니 단 한 시간도 유지될 수 없었을 것이다.[3]

더 나아가 판넨베르크는 예수의 부활이 모든 역사의 종말을 미리 보여 주었고, 그래서 인류 역사 전체의 의미를 드러냈다고 주장했다. 하지만 이런 보편적 의미가 부활의 구체성, 즉 특정 사건으로서 부활의 성격을 약화하지는 않는다. 그는 역사적 사건을 "과거의 특정 시점에 실제로 일어난 일"이라고 정의했으며, 그가 보기에 "예수의 부활"과 "부활한 예수의 출현"은 모두 이 정의에 부합한다. 이 일들이 "우리가 살아가는 세계의 특정 시점에 실제로 일어났기" 때문이다. 그러한 맥락에서 판넨베르크에게 부활한 예수가 나타난 사건에 역사성이 있다고 말하는 건 그리 어려운 일이 아니었다. 부활한 그리스도는 "특정 시점에, 제한된 횟수로, 특정 인물들에게, 현실 속에서 자신을 드러냈기" 때문이다. 하지만 부활 자체는 새롭게 변모된 삶, 죽음을 넘어선 삶을 의미하기에 이는 공간과 시간에 특정한 위치를 갖지 않으며, 직접적으로 설명할 수 없고 1장에서 보았듯 '잠에서 깨어나는 것'과

---

3 위의 책, 100.

같은 유비로만 설명할 수 있다. 하지만 그럼에도 판넨베르크는 부활 사건, 즉 이 땅에서 살았던 존재가 부활한 존재로 전환하는 사건이 특정 장소(예루살렘)와 특정 시간에 단 한 번 일어났다고 주장했다. 그는 부활 사건에 대한 역사적 증명이 부실해지는 것을 용납하지 않았다. 그는 "예수가 실제로 부활했다고 말하면서 이를 역사적 사건으로 인정하지 않는 것은 정당하지 않다"고 말했다. 부활이 과거 특정 시점에 실제로 일어났기에 역사적인 사건이라 불려야 하며, 역사학자들의 연구를 통해 입증할 수 있다는 것이다.[4]

판넨베르크의 주장에 즉각 떠오르는 반론이 하나 있다. 그의 주장이 옳다면, 예수의 부활을 받아들이는 이들 중에 역사학자들이 많이 있어야 한다. 역사학자들은 직업의 특성상 부활한 예수의 현현과 빈 무덤 발견이 실제로 과거에 일어난 일이었는지를 판단할 능력을 갖고 있기 때문이다. 판넨베르크의 말대로라면 그들은 예수의 부활이 실제로 일어난 사건이라고 결론 내릴 수 있는 특권을 가지고 있다. 하지만 실제로 그리스도교인 가운데 역사학자가 유별나게 높은 비중을 차지하는 경우는 없다. 물론 판넨베르크는 이러한 반

---

4 위의 책, 99, 113.

론을 예상하고 있었고, 역사학자들이 예수의 부활 문제에 접근할 때 죽은 이는 부활할 수 없다는 선입견을 버리고 진정으로 열린 정신을 가져야 한다고 이야기했다. 그가 보기에는 너무나 많은 역사학자가 이러한 선입견을 가지고 있고 처음부터 부활의 가능성을 배제한다. 이는 역사적 사실을 중시하는 태도라기보다는 역사의 전형적인 사례만을 중시하는, 편향된 태도이며 자연법칙 상 부활은 불가능하다고 미리 단정짓는 것이다. 판넨베르크는 현대 과학이 이런 결정론적 세계관을 깨뜨렸다고 이야기한다. 그가 보기에 현재의 '자연법칙'은 절대적인 법칙이 아니다. 이전에 본 적 없는 특이한 사건이거나, 심지어 역사에서 단 한 번만 일어나는 사건도 얼마든지 가능하다. 기존의 자연법칙이 이런 예외적 사건들을 반드시 설명할 수 있다는 보장은 없으며, 설명할 수 없다고 해서 그런 사건들이 일어나지 않았다는 뜻도 아니다. 이러한 맥락에서 판넨베르크는 너무도 많은 역사학자가 자신들이 해야 할 바를 하고 있지 않다고 주장했다. 그가 보기에 이들의 배경 이론(부활이나 다른 유일무이한 사건들이 일어날 수 없다는 생각)은 부활 사건에 제대로 된 역사적 탐구를 시도하지 못하

게 가로막고 있다.[5]

판넨베르크의 부활 논증에 대해서는 이후 다른 측면에서 좀 더 살펴볼 것이다. 일단 여기서는 그가 예수의 부활을 이성에 비추어, 역사적인 논증을 통해 검증할 수 있고, 검증해야 한다고 확신한다는 점에 주목하자. 지금부터는 내게 편지를 보낸 이와 판넨베르크라는 양극단을 넘어, 부활한 그리스도에 대한 역사적 지식과 신앙 사이의 연관성에 대해 내가 어떻게 생각하는지를 기술하겠다.

역사적 지식과 부활 신앙

그리스도교가 역사적 종교라고 말하면서 부활 신앙이 형성될 때 역사적 지식이 별다른 역할을 하지 않았다고 말한다면 이는 심각한 모순이다. 그리스도교는 역사 가운데 일어난 특별한 사건들을 하느님께서 자신을 드러내고 인류를 구원하시는 가장 중요한 수단으로 여긴다. 또한, 많은 이가 그러하듯 나는 그리스도교 신앙이 합리적인 헌신이라고 여긴다. 그리고 이 신앙은 전적으로 합리적이지만은 않지만, 과거에 일어난 특정한 사건을 하느님의 특별한 행동으로 믿는다는

---

5 위의 책, 98.

것을 고백할 때 역사적 증언을 근거로 든다.

그리스도교 신앙은 십자가에 달리고 부활한 예수를 믿는 신앙으로, 역사적 지식 없이는 이루어질 수 없다. 그렇다면 얼마만큼의 역사적 지식이 필요할까? 누가 '평범한' 신자에게 필요한 지식을 제공할까? 루돌프 불트만Rudolf Bultmann⁺과 같은 사람들은 이 질문에 신앙이 요구하는 역사적 지식은 '예수께서 오셨다'는 단순한 사실만으로 충분하며, 이를 신자들에게 전달하는 과정에 역사학자가 개입해서는 안 된다고 보았다. 불트만은 말했다.

신앙은 개인의 결단이며, 역사학자들의 작업에 의존하지 않는다.[6]

그는 마르부르크 대학교 시절 빌헬름 헤르만Willhelm Herrmann⁺에게 신앙을 역사에서 분리하는 관점을 배웠다. 헤르만은 자신의 입장을 이렇게 정리했다.

역사 연구를 통해 신앙의 기초를 세우려는 시도는 심각한

---

6 Rudolf Bultmann, *Theology of the New Testament*, vol. 1 (London: SCM Press, 1965), 26. 『신약성서신학』(한국성서연구소).

오류다. 신앙의 기초는 확고해야 한다. 그러나 역사 연구의
결과는 끊임없이 변화한다.[7]

18세기 이후, 불트만과 헤르만을 비롯한 여러 학자는 1998년
내게 편지를 보낸 이와 같은 결론에 도달했다. 신앙이 지닌
확실성은 역사 지식이 지닌 불확실성에 의존할 수 없다는 것
이다. 하지만 신자들이 실제로 이렇게 신앙과 역사의 철저한
분리를 지지하는가? 이와 관련해 여섯 가지 논제를 간략하
게나마 제시해 보겠다.

**(1) 십자가에 달리고 부활한 예수에 대한 신앙은 특정 역사적 지식 없이
는 존재할 수 없다.**

십자가에 달리고 부활한 예수에 대한 신앙은 어느 정도의
역사적 지식 없이는 존재할 수 없다. 물론 이런 신앙을 갖게
된 이들이 지닌 역사 지식의 양은 각기 다르다. 어떤 사람은
맬컴 머거리지Malcolm Muggeridge와 같은 저명한 작가이자 지식
인일 수도 있다. 머거리지는 복음서를 비롯한 다른 자료들에
서 역사적으로 알 수 있는 것(즉, 역사학자들의 '작업'을 통해 얻은

---

7   Willhelm Herrmann, *The Communion of the Christian with God* (London: Williams
    and Norgate, 1906), 76.

결과)을 검토한 예수 관련 저서에서 자신이 어떻게 그리스도교 신앙을 갖게 되었는지를 기록했다. 하지만 많은 경우 성토요일 밤 예배에서 세례를 받은 새신자들은 전문 역사학자나 신약학자들의 저술을 읽기보다는 학문의 요소가 덜한 방식으로 예수에 대해 알게 된다. 하지만 어떠한 경우든 예수 그리스도에 대한 신앙을 갖게 되는 것, 그와 인격적인 관계를 맺는다는 것은 그의 탄생부터 죽음, 부활에 이르는 역사에 대해 무언가 말할 수 있음을 의미한다.

(2) 부활 신앙은 역사 지식에만 의존하지 않는다.

신앙은 "어둠으로의 맹목적인 도약"이 아니라 이성을 사용해야 한다. 하지만 동시에 신앙은 이성을 넘어서는, 특히 역사적 이성을 넘어서는 것들에 의지하고, 이들에게서 힘을 얻는다. 단순한 역사 증거만으로는 신앙을 정당화하고 지지할 수 없다. 외부에서 전달되는 그리스도교의 메시지와 함께 인간 내부에 주어지는 은총인 하느님의 조명이 없다면, 그 어떠한 역사적 지식도, 심지어 가장 방대하고 정교한 지식과 탁월한 성서 해석도 그 자체만으로는 신앙을 끌어낼 수 없다. 전문 역사학자들이라도 신앙의 경주에서 다른 이들보다 유리한 출발점에 있지 않다. 그들의 믿음은 우리의 믿음보다

우위에 있지 않다. 그들이든 우리든, 신앙은 단순히 증거에 달려 있지 않다.

신앙은 제한된 증거를 자유로이 넘어서서 그리스도와 인격적인 관계를 맺는 사랑의 헌신과 신뢰에 바탕을 둔 희망을 수반한다. 은총을 통한 새로운 깨달음, 사랑, 희망이 없다면, 극도로 치밀한 비판을 통해 앎을 얻었다 해도 신앙으로 이어지지 않는다. 그리스도에 대한 신앙은 가족과 친구를 향한 평생의 헌신에 견줄 수 있다. 그들의 과거 활동과 업적에 대한 역사 연구만으로는 결코 그런 헌신을 낳을 수 없다. 누군가를 사랑하고 헌신하기 전에 그에 대한 신원 조회부터 해야 한다고 이야기하면, 대다수 사람은 이를 그에 대한 모욕으로 여길 것이다.

신앙은 단순히 역사 지식에 기초하지 않고, 그런 지식의 단순한 귀결도 아니다. 역사에 대한 비판적 검토(이를테면 성서학자들이 제시하는 증거)는 그 자체로 신앙을 확립하거나 지탱하지 못한다. 그리스도교 신앙은 역사 지식과 별도로 존재하지 않지만, 역사 지식으로 환원될 수도 없다. 단순한 역사 증거만으로는 신앙이 제기하는 질문들, 신앙이 다루는 핵심 문제들을 포괄할 수 없다.

흥미로운 점은 판넨베르크조차 과거에서 발견되는 역사

적 증거에 근거한 신앙을 주장하면서도 예수의 첫 제자들이 어떻게 예수의 부활을 이해했는지를 설명할 때는 다른 요소들을 끌어들인다는 것이다. 그에 따르면, 제자들은 이미 역사의 종말에 모든 이의 부활이 이루어질 것을 희망하고 있었기에 예수의 부활을 특별한 방식으로 이해할 수 있었다. 그들은 마지막 날에 있을 모든 인간의 부활과 역사의 종말이 예수 개인의 부활을 통해 미리 나타났다고, 그렇게 하느님의 진리가 드러났다고 보았다. 그러나 판넨베르크의 주장처럼 제자들이 일찍부터 모든 이의 부활에 대한 희망을 갖고 있었음을 입증하는 분명한 역사 증거가 있다고 해도, 또 다른 문제가 생긴다. 2천 년이 지난 지금, 현대인들은 어떻게 그런 희망을 품을 수 있을까?[8] 이에 대해 판넨베르크는 부활에 대한 희망의 진실성은 우리가 그 희망을 품고 살아가며 "삶을 결단하는 가운데 오늘 주어진 시험"을 견뎌 낼 때 입증된다고 말한다.[9] 달리 말하면, 오늘날 우리가 과거 제자들의 부활 이해를 받아들이기 위해서는 우리도 그들처럼 부활에 대한 희망을 가지고 살아가야 한다는 것이다(판넨베르크라면 여기에 사랑을 추가했을 것이다). 결국 그에게도 부활 신앙의 핵심은 단

---

8   Wolfhart Pannenberg, *Jesus—God and Man*, 67, 83~8.

9   위의 책, 107.

순한 역사적 사실을 받아들이는 것을 넘어선다. 부활 신앙은 신뢰에 바탕을 둔 희망, 그리고 사랑에서 비롯된 헌신을 포함한다.

(3) 신자들이 갖고 있는 역사적 지식은 사랑과 희망으로 만들어진다

다른 책에서 나는 앎과 사랑, 희망의 상상력이 서로 영향을 주고받는다고 이야기한 바 있다.[10] 사랑은 앎을 촉진하고, 앎은 이미 알고 있는 누군가, 혹은 무언가를 사랑할 수 있게 한다. 역사 지식도 마찬가지다. 신자들은 역사적 사실을 알려 하고 예수의 역사에서 의미를 발견한다. 예수를 사랑하고, 예수에게서 가장 깊은 희망을 발견하기 때문이다. 하지만 동시에, 이들이 예수를 사랑하고 신뢰하며 헌신하게 된 건 그의 역사에 대해 어느 정도 알게 된 후 일어난 일이다. 그러한 면에서 신앙과 관련해 역사적 지식은 두 가지 원리를 보여 준다. 하나는 '먼저 알지 못하면 그 무엇도 사랑할

---

10 Gerald O'Collins, *Fundamental Theology* (Mahwah, NJ: Paulist Press, 1981), 131~3, 145~50. 『기초신학』(분도출판사). 앎과 사랑, 희망의 상호작용의 기초가 되는 원리에 대해서는 다음을 참조하라. Gerald O'Collins and Mario Farrugia, *Catholicism* (Oxford: Oxford University Press, 2003). 사랑과 앎의 관계에 대해서는 다음을 참조하라. Gerald O'Collins and Robert D. Kendall, *The Bible for Theology* (Mahwah, NJ: Paulist Press, 1997), 65~6.

수 없다'Nihil volitum, nisi praecognitum이고 다른 하나는 '먼저 사랑하지 않으면 그 무엇도 알 수 없다'Nihil cognitum nisi prevolitum이다. 히포의 아우구스티누스Augustine of Hippo는 사랑과 앎의 상호작용을 다루면서 두 번째 원리를 강조했으며, 이런 말을 남겼다.

> 우정이 아니면 그 누구도 알 수 없다Nemo nisi per amicitiam cognoscitur.[11]

이 말은 '누군가를 진실로 알기 위해서는 먼저 그 사람의 친구가 되어야 한다'로 해석할 수도 있다. 사랑의 눈이 있어야 우리는 실재를 보고 진리를 알 수 있다.

(4) 신앙과 역사적 지식은 서로 분리될 수 없는 하나의 전체다.

수 세기 동안 많은 사람이 예수의 죽음 및 부활과 같은 사건들이 확고한 사실이라는 그리스도교의 주장을 비판했다. 역사적 지식은 늘 불확실하고, 헤르만이 말했듯 "끊임없이 변화"하는데, 어떻게 신앙은 그토록 확신에 차 있을 수 있는

---

11 『여든세 가지 다양한 질문』De diversis quaestionibus octoginta tribus, 83. 71. 3

가? 비판자들은 역사적 사실에 대한 확신을 신앙의 다른 측면들과 분리할 수 있다고 생각한다. 하지만 신앙은 '나는 무엇을 알 수 있는가?', '무엇을 해야 하는가?', '무엇을 희망해야 하는가?'에 대한 답을 하나로 통합한다. 그리스도에게 자신의 인격을 바쳐 헌신하는 것은 바로 이를 의미한다. 예수와 관련된 역사적 사실에 대한 분명한 고백(사도신경에 요약되어 있다)과 예수를 신뢰하며 희망 가운데 헌신하는 것은 서로 분리될 수 없는 하나의 전체다.[12]

역사 연구의 결과가 끊임없이 변한다는 헤르만의 주장은 과장되었다. 우리는 물어야 한다. 정말 모든 결과가 다 바뀌는가? 일부만 바뀌지는 않는가? 본질적인 것이 변하는가? 아니면 세부 해석만 변하는가? 헤르만의 주장은 이런 면에서 수정이 필요하다.

헤르만의 역사적 지식을 평가절하한 배경에는 고트홀트 에프라임 레싱Gotthold Ephraim Lessing[+]의 오랜 영향이 있다. 레

---

12 칸트가 『순수이성비판』 말미에 제기한 세 가지 질문은 신앙에서 구분이 되면서도 나눌 수 없는 세 가지 차원을 이해하는 데 도움을 준다. 물론 개인주의에서 벗어나 예수를 향한 지향을 반영해서 다음과 같이 표현하는 것이 더 나을 것이다. '예수에 대해 알 수 있는 것은 무엇인가? 예수에 관하여 우리가 해야 하는 것은 무엇인가? 예수에게서 우리가 희망할 수 있는 것은 무엇인가?'

싱은 역사적 지식을 최소화하는 접근법을 취했는데, 크게 두 가지 형태를 띤다.

> 어떠한 역사적 진실도 증명할 수 없다면, 역사적 진실들을 통해서는 아무것도 증명할 수 없다. … 역사에서 일어난 우연한 진실들은 결코 이성에 기초한 필연적 진리의 증거가 될 수 없다.[13]

물론 역사적 진실은 수학에 기반을 둔 계산이나 철학에 기초한 논리, 반복되는 과학 실험으로 '증명'할 수는 없지만, 합리적 의심을 넘어서는 수준으로는 '입증'할 수 있다. 수학 계산으로는 기원전 4세기 살았던 알렉산드로스 대왕의 존재와 업적을 증명할 수 없다. 하지만 여러 증거를 종합해 보면 그가 실제로 이 땅에서 살았고 중동의 정치와 문화를 바꾸었다는 사실을 부정할 수 없다. 마찬가지로 우리는 기원전 44년 율리우스 카이사르Julius Caesar가 암살당한 일이나 그 후 약 100년이 지나 예수가 십자가 처형당한 일을 문자 그대로 재구성해 과거와 만날 수는 없다. 역사 가운데 일어난 사건들

---

13 Gotthold Ephraim Lessing, *Historical Writings* (Stanford, Calif.: Stanford University Press, 1967), 53.

은 실험실에서 과학 실험을 반복하듯 재현할 수 없다. 하지만 저 두 폭력에 의한 죽음을 의심하는 이들은 극소수에 불과할 것이다. 선험적인 논리로는 히포의 아우구스티누스가 실존했음을 증명할 수 없다. 하지만 그의 실존과 이후 유럽 사상과 사회에 그가 미친 영향을 부정한다면 이는 서양 사상사에 대한 정상적인 학문 토론에서 자신을 제외시키는 것과 다름없다. 수학, 철학, 자연과학에 적합한 방식으로 우리는 역사적 지식을 '증명'할 수 없고, 그렇게 할 필요도 없다. 우리에게 주어진 역사 자료들은 고대 세계에서 일어났던 일들에 대해 많은 부분을 알게 해 준다. 그리고 그중에는 분명 신앙에 영향을 미칠 뿐만 아니라 논증하고, 결론을 끌어낼 수 있을 정도의 확실성을 지닌 사실들이 있다.

그러나 레싱이 제기하는 주장에서 좀 더 주목할 만한 부분은 두 번째 명제다.

역사에서 일어난 우연한 진실들은 결코 이성에 기초한 필연적 진리의 증거가 될 수 없다.

우리가 직접 겪었거나, (좀 더 흔하게는) 다른 이들에게 배운 역사 속 사건들은 반드시 일어날 일이 아니었으며, 꼭 그런 방식으로 일어날 필요도 없었다. 원칙상 알렉산드로스, 아우구스티누스, 예수, 율리우스 카이사르의 삶은 다르게 전개될 수 있었다. 예수는 돌에 맞아 죽음을 맞이했을 수도 있고, 열두 제자와 함께 십자가에 못 박혔을 수도 있으며, 죽은 후 500명(1고린 15:6)이 아닌 1,000명의 무리 앞에 나타났을 수도 있다. 이처럼 역사의 사실들은 이성에 기초한 필연적이고 보편적인 진리의 지위에 오를 수 없고, 그런 이성에 기초한 진리를 증명할 수도 없다. 하지만 그게 그렇게 비극적인 일인가? 예수의 부활을 연구하는 관점에서, 예수의 죽음과 매장, 그리고 부활 후 현현에 대한 우리의 앎이 우연과 결부된 진실의 수준을 넘어서지 못한다는 것을 인정하는 게 그토록 치명적인 일일까? 엄밀히 말하면 상황이 달라질 수는 있을 것이다. 하지만 그런 역사적 상황을 한탄하는 이는 레싱처럼 필연적이고 보편적인 이성의 진리를 추구하는 데 사로잡힌 사람뿐이다. 엄밀한 의미에서 '필연적인 이성의 진리'라는 말은 동어반복이자 수학에 기초한 진리이며 선험적 추론으로 언제 어디서나 참이며 경험에서 비롯된 증거를 필요로 하지 않는다. 그런데 이러한 진리에 근거해서 살아가는 사람이 얼마나 될까? 역사적 경험과 우연과 결부된 진실에는 레싱이 이야기한, 시간에 좌우되지 않고 보편적인 이성의 진리는 결코 해낼 수 없는 방식으로 삶을 형성하고 변화시키는 힘이 있다. 특히 예수와 그의 열렬한 추종자들의 이야기에서 나온, 우연과 결부된 진실들은 수백만 그리스도교인의 삶에서 결정적인 역할을 했다. 그리스도교인들은 예수의 삶과 죽음, 부활에 대한 이야기, 그의 거룩한 제자들의 이야기에 경외심을 느꼈고, 감동했으며, 변화되었다. 그리스도교 안에서든 밖에서든, 역사의 구체성이 이성에 기초한 필연적인 진리보다 훨씬 더 설득력이 있음은 반복해서 입증되고 있다.

게다가 역사적 주장을 면밀하게 살피다 보면, 우리는 결론의 확실성에 여러 단계(완전히 확실한 사실, 개연성이 매우 높은 일, 개연성이 상당히 높은 일, 개연성이 있는 일, 매우 불확실한 일)가 있음을 발견한다. 완전히 확실한 사실에는 이르지 못하더라도 책임감 있는 학자라면 충분한 자신감을 가지고 주장할 수 있는 역사적 결론들이 있다. 새로운 증거가 나와 그 결론이 틀릴 가능성을 완전히 배제할 수는 없지만, 현재로서는 충분히 개연성이 높은 사례들을 제시하고 어느 정도 확실한 결론에 도달할 수 있다.

역사의 불확실성, 그러니까 역사적 지식이 중요한 세부 사항(이를테면 예수의 빈 무덤)에 대해 완전히 확실하지 않고, 새로운 발견으로 수정될 수 있다는 점이 과연 신앙의 확신을 약하게 만드는가? 또한, 그리스도교인들이 역사에 '의존'한 다는 사실이 특별히 문제가 되는가? 우리는 모두 현실, 특히 다른 사람들과 함께 빚어가는 현실에 '의존해' 살면서 계속해서 그들을 신뢰한다. 우리는 다양한 방식으로 타인과 깊은 관계를 맺고 그들의 말을 신뢰한다. 구원사, 특히 예수의 삶과 죽음, 부활도 바로 이러한 방식과 관련이 있다. 학자들이 연구하며 제시한 새로운 증거가 예수의 삶과 죽음, 부활과 관련해 내가 소중히 여기는 생각을 뒤흔들지 않을 것이라고 믿는 것은 나의 아버지가 정말 내 아버지라 믿는 것과 마찬가지로 무모한 일이 아니다. 현실이 우리가 알고 있던 것과 완전히 다르다는 충격적인 사실을 발견하게 될지도 모른다는 두려움 가운데 산다면, 삶은 견딜 수 없을 것이다. 우리가 착각하고 있을 가능성은 언제나 있지만, 많은 경우 우리는 그렇지 않다고 확신한다. 내 어머니에게 숨겨진 연인이 있을 수 있고, 그가 내 친부이며 수십 년 동안 아버지로 알고 있던 이는 친부가 아님을 알게 될 가능성도 있다. 하지만 우리는 그렇지 않다고 믿으며, 모든 의심을 없애기 위해 아버지의 유해를 파헤쳐 DNA 검사를 받는 일은 생각조차 하지 않을 것이다. 그런 '결정적' 증거는 부모와 나의 기억을 강화하는 것이 아니라 오히려 배신하는 일이 될 것이다.

다른 사람이 나를 낳았을지도 모른다는 가능성에 평생 집착하며 살아간다면, 부모와 나의 관계는 망가질 것이다. 마찬가지로, '아내가 나에게 질려서 다른 사람과 바람을 피우면 어떻게 해야 하지?'라고 생각하며 배우자가 나를 거부할 가능성, 나에게 충실하지 않을 가능성을 끊임없이 되짚으면 배우자와의 관계는 파괴되고 만다. 십자가에 달리고 부활한 그리스도에 대한 신앙도 이와 비슷하다. 새로운 역사적 증거가 나타나 예수에 대한 우리의 믿음이 틀린 것으로 밝혀질지도 모른다는 가능성에만 집착하면, 우리는 결코 의미 있는 신앙생활을 할 수 없을 것이다. 달리 말해, 신앙이 지닌 '위험'은 내가 나와 함께 사는 부모가 정말 나의 부모고 배우자와 친구, 친척들이 신실할 것이라는 생각이 머금고 있는 위험과 다르지 않다. 이러한 믿음들은 모두 원칙상 불확실한 역사적 주장들을 포함하고 있기 때문이다.

여기서 관계의 유비를 좀 더 정확하게 하고자 (1) 부모 및 형제자매와의 관계, (2) 배우자 및 친구와의 관계를 구분해 볼 수 있다. (1), (2) 관계 모두 불확실성을 지니고 있지만, 그 성격이 다르다. (1)은 우리가 스스로 선택한 관계가 아니라 주어진 환경이다. 부모와 형제자매에 대한 '나'의 헌신은 내가 그 가정에서 태어났다는 사실에서 비롯된다. 태어날 때 그리스도교 가정에서 태어났거나, 어릴 때부터 신앙생활을 해 온 '모태 그리스도인'은 여기에 견줄 수 있다. 이들은 성인이 되어 이 신앙 관계를 돌아보고 더 깊이 발전시킬 수도 있고, 반대로 흐려지게 두거나 완전히 거부할 수도 있다. 어떠한 경우든 어린 시절 이 신앙 관계는 그들 삶에 '주어진 조건'이다. 한편, (2)의 경우, 배우자와 친구는 내가 선택하는 것이다. 그리고 이 선택에는 자연스러운 감정과 욕구, 공통의 관심사, 가치관의 공유, 비슷한 기대와 같은 합리적인 이유가 영향을 미친다. 배우자, 친구에 대한 헌신은 태어날 때부터 자라나는 것이 아니다. 이는 비신자들이 그리스도교 신앙을 받아들이고 그리스도에게 헌신하게 되는 과정과 비슷하다. 그들은 대개 신앙에 대한 증거들(역사적인 증거와 그 외 것들)과 동기들이 합리적이고 설득력 있다고 판단했기에 그리스도에게 헌신한다. 이렇게 이 유비는 '내부자', 즉 태어날 때부터 신앙생활을 하는 이들과 '외부자'로 시작해 '내부자'가 된 이들 모두를 설명할 수 있다.

신앙의 고백은 역사적 위험을 동반한다. 우리가 십자가에 못 박히고 부활한 그리스도에 대한 다른 이들의 증언을 받아들일 때는 그러한 위험을 감내하는 것과 다르지 않다. 하지만 여기에는 두 가지를 덧붙여야 한다. 우선, 신앙은 순전히 역사 지식에만 의존하지 않는다. 그리고 이러한 역사적 위험은 신자가 현실을 이해하고 받아들이는 가운데 일어날 수 있는 일반적인 위험의 한 부분일 뿐이다.

(5) 취약함은 신앙과 관련된 앎과 사랑, 희망에 영향을 미친다.

그리스도교 신자들은 예수가 살았고, 죽었고, 세상을 구원하기 위해 부활했다는 고백을 의심할 수 있고, 흔들릴 수 있다. 때로는 이에 대한 믿음을 포기하기도 한다. 어떤 이들은 역사 연구가 예수가 부활하지 않았음을 '증명'했다고 판단하기 때문에 신앙을 버리기도 한다. 또 어떤 이들은 더는 신앙에 바탕을 둔 사랑에 헌신할 수 없다고, 미래가 희망적으로 보이지 않는다고 솔직하게 말하기도 한다. 이처럼 사랑의 헌신과 확신이 흔들리면 과거 사건들에 대한 신앙도 흔들리고, 반대로 과거 사건들에 대한 고백이 흔들리면 사랑의 헌신과 확신도 흔들린다. 온전한 사랑과 철저한 신뢰를 방해하는 요소들은, 그리스도교 신경의 핵심이 되는 역사적 사실들의 진실성을 의심하는 것만큼이나 신앙을 약화할 수 있다. 어떠한 경우든, '과거에 일어난 구원 사건을 우리가 역사적으로 알 수 있는가?'라는 질문에 대한 답변으로는 신앙이 온전히 형성되지도, 완전히 무너지지도 않는다. 신앙에서 앎과 사랑,

희망은 서로 깊이 연결되어 있으며, 이 세 가지 측면 모두에서 신앙은 취약성을 지니고 있다.

(6) 신앙과 관련된 앎과 사랑, 희망은 보편적인 것과 특수한 것을 모두 포함한다.

그리스도교 초기부터 신자들은 하느님께서 예수를 죽은 자 가운데서 살리셨다고 믿었기 때문에 그를 주님으로 고백했다.

> 당신이 예수는 주님이라고 입으로 고백하고, 하느님께서 그를 죽은 사람들 가운데서 살리신 것을 마음으로 믿으면 구원을 얻을 것입니다. (로마 10:9)

이 신앙에는 예수가 자신의 구체적이고 역사적인 삶, 죽음과 부활을 통해 하느님을 계시한 이이자 구원자라는 보편적 역할을 했다는 믿음이 포함되어 있었다. 따라서 이들의 고백은 '(나자렛 출신의 구체적인 인물인) 예수는 (온 우주의 주님인) 그리스도이시다'라는 말로 요약할 수 있다. 초기 그리스도인들은 예수라는 특정 인물에게서 인간이 무엇을 알 수 있고, 무엇을 할 수 있으며, 무엇을 희망할 수 있느냐는 질문에 대한 답을 분명하게 찾았다.

이처럼 그리스도교 신앙은 역사에 뿌리내리고 있기에 막연한 일반론에 빠져들지 않는다. 다른 한편, 그리스도교 신앙은 보편적인 문제를 마주해야 할 필요성을 상기함으로써 그리스도교를 단순히 예수의 과거에 대한 향수 어린 관심으로 축소하려는 유혹을 물리친다. 신앙은 역사적인 것(예수)과 보편적인 것(그리스도) 모두에서 구원을 발견한다.

역사적 증거

지금까지 다룬 여섯 가지 명제에서는 주로 신앙과 역사에 대한 전반적인 문제를 다루었다. 그렇다면 예수가 죽은 이들 가운데서 살아났다는 특정한 믿음의 경우는 어떠한가? 역사적 증거들을 살폈을 때 이 믿음은 어느 정도의 개연성이 있는가? 부활 신앙을 뒷받침하는 증거로는 무엇을 제시할 수 있을까? 이 질문에 답하기 위해 우리는 현재 보유한 자료들을 가장 합리적으로 설명하는 방식을 찾아야 한다. 이러한 설명은 크게 두 가지 방식으로 가능하다. 첫째는 전체 상황을 종합적으로 살펴보는 것이고, 둘째는 부활한 그리스도의 현현 기록과 같은 개별 사례들을 자세히 분석하는 것이다. 전체 상황을 살펴보는 방식에서는, 우리가 확인할 수 있는 여러 결과를 살펴보고, 이 모든 결과를 가장 잘 설명할 수 있는 원인으로 예수의 부활을 제시한다. 이러한 논증은 크게 두 가지 유형으로 나눌 수 있다. 하나는 그리스도교가 널리 퍼져 나간 현상을 설명하는 논증이고, 다른 하나는 당시에 나타난 새로운 현상을 설명하는 논증이다.

그리스도교의 전파

예수는 길어야 3~4년의 공생애를 보냈다. 가까운 추종자 대부분이 그를 버렸다. 그는 메시아를 참칭한 자로 십자가에 달렸으며, '아바'요 '사랑하는 아버지'라 확신하고 선포했던 하느님에게조차 버림받은 것으로 보였다(마르 15:34). 그러나 몇 년 만에 그가 유대교 안에서 시작한 개혁 운동은 폭발적으로 퍼져 나갔고, 그리스도교라는 세계종교가 되었다. 이 놀라운 현상을 가장 적절하게 설명하는 방법은 무엇일까?

어떤 학자들은 그리스도교가 퍼져 나가는 데 도움을 준 역사적 요인들을 지적한다. 이를테면, 당시 1세기 지중해 세계는 비교적 자유로운 교류가 가능했던 '로마의 평화'pax romana 시기였다. 어떤 학자들은 당시 노예들과 여성들, 그리고 많은 노동자에게 그리스도교보다 더 매력적인 종교는 없었다고 이야기하기도 한다. 하지만 예수를 다른 종교의 창시자들과 비교해 보면 어떨까? 부처(기원전 563년경~483년), 공자(기원전 550년경~478년), 무함마드(기원후 570년경~632년)가 창시한 불교와 유교, 이슬람교가 전파된 것을 설명할 수 있는 여러 가지 '세속' 요인들은 그리스도교에는 해당하지 않는다. 불교, 유교, 이슬람교의 창시자들에게는 충분한 시간이 있었다. 부처는 긴 생애 대부분 깨달음에 이르는 길을 가르치며 보냈다. 중국의 현인 공자도 곡부 외곽에서 성대한 매장을 치를 때까지 지혜를 전하고 제자들을 길렀다. 무함마드는 부유한 아내의 도움과 전쟁에서의 계속된 승리 덕분에 추종자들을 모으고 가르침을 전할 수 있었다. 생전에 이미 그는 아라비아의 예언자로 인정받았고 메디나에서 생을 마감해 그곳에 묻혔다. 어떠한 종교든 우리는 각 종교가 퍼져 나간 이유(창시자의 오랜 활동 기간, 충분한 재정 지원, 전투에서의 계속된 승리)를 들 수 있다. 그러나 그리스도교의 창시자는 이런 이점을 하나도 누리지 못했다. 그의 공적 활동 기간은 매우 짧았고, 군대나 재정의 지원을 받지도 못했다. 무엇보다, 그는 치욕스러운 실패, 십자가에서의 수치스러운 죽음으로 삶을 마감했다. 이런 상황 이후 그의 이름으로 보편적인 구원의 메시지가 널리 퍼져 나간 현상은 이를 설명할 수 있는 적절한 원인(부활)을 인정하지 않으면 풀리지 않는 수수께끼로 남을

수밖에 없다.[14]

설명할 필요가 있는 새로운 현상들

1장에서 보았듯 어떤 학자들은 예수가 부활했다는 주장
은 제자들의 심리 상태와 신념에서 자연스럽게 비롯되었다
고 설명한다. 이러한 설명이 역사적으로 설득력을 갖고 있
을까? 몇몇 제자는 예수를 하느님의 구원을 가져올 메시아,
혹은 하느님의 대리인으로 받아들였다(마르 8:29, 11:1~10). 그
러나 제자들이 예수가 자신을 고난받는 인자로 말했을 때
이를 잘 이해하고 받아들였는지는 의심스럽다(이를테면 마르
8:31). 게다가 예수는 메시아를 참칭한 자, 신성모독자라는
죄목으로 처형당했다. 이후 그들에게는 어떤 선택지가 있었
을까? 예수가 메시아라는 믿음을 수정해 그를 세례 요한, 혹
은 다른 이들처럼 순교한 예언자 중 한 사람이라고 주장할
수 있었을까? 그랬을 리는 없다고 본다. 당시 십자가형은 극
도로 잔인하고 수치스러운 처형 방식이었을 뿐만 아니라 종
교적으로 저주를 받고(갈라 3:13) 하느님의 언약 백성이 머무

---

14 히포의 아우구스티누스와 같은 이들이 이러한 주장을 발전시켰다.
Gerald O'Collins, 'Augustine on the Resurrection', *Saint Augustine the Bishop*
(New York: Garland, 1994), 65~75, 특히 67~9를 참조하라.

는 "진영 밖"에서 죽는다는 것(히브 13:12~13)을 의미했다. 다시 말해, 당시 사람들은 십자가형을 하느님에게서 버림받은 범죄자의 죽음으로, 불경한 자들과 함께 하느님이 계시지 않는 곳에서 맞이하는 죽음으로 여겼다. 그런 방식으로 죽음을 맞이한 이를 기리는 것은 끔찍하고 심각한 추문이었다(1고린 1:23). 십자가형이 그토록 수치스러운 일이었다면, 제자들이 예수를 순교한 예언자로 선포하기란 힘들었을 것이다.

하지만 역사에서 제자들은 십자가에 못 박힌 예수가 하느님께서 인정하신 메시아라고, 모든 이의 구원을 위해 죽은 자들 가운데서 다시 살아나셨다고 선포하기 시작했다. 실패하고, 고난받고, 십자가에 달려 죽은 뒤 무덤에서 부활한 메시아라는 관념은 그리스도교 이전의 유대교에는 없었다. 제자들의 기존 종교적 신념으로는 예수에 대한 이처럼 놀랍고 새로운 주장을 할 수 없었다. 무엇이 이런 혁신을 촉발했을까? 예수가 실제로 부활하지 않았다면, 어디서 비롯되었을까?

몇몇 학자는 결과-원인 논증을 전개하면서 초기 그리스도인들의 설교에서 부활이라는 주제가 핵심이었음을 강조했다. 30여 년 전, 크리스토퍼 F. 에반스Christopher F. Evans[*]는 "당시 유대교나 예수의 설교"로는 "신약성서에서 부활 신앙이 매우 중요한 위치"를 차지하게 된 것을 설명할 수 없다고 지적한 바 있다.[15] 기껏해야 유대교에서 주변부에 머물러 있던 부활이라는 주제가 갑자기 중심 주제가 되었다는 것이다. 유대교 전통이나 예수의 가르침만으로는 신약성서가 부활을 이토록 중요하게 다루는 이유를 설명할 수 없다. 예수가 죽은 자들 가운데서 부활하지 않았다면, 왜 초기 그리스도교 신앙과 설교, 신학에서 부활이 핵심 주제가 되었는지를 설명할 수 없다. 2002년 톰 라이트N.T.Wright도 강연에서 비슷한 주장을 했다. 그는 1세기 유대교와 그 주변 세계는 사후 세계에 대한 다양한 믿음이 있었지만, 초기 그리스도인들이 예수의 부활에 대해 선포한 내용과 비슷한 내용은 어디서도 찾을 수 없다고 지적했다. 과거의 믿음에서 이런 독특한 내용이 나올 수 없다면, 역사학자들은 다른 설명을 찾아야 한다고, 바로 예수가 실제로 부활했다는 설명이라고 라이트는 말한다.[16]

판넨베르크와 같은 학자들은 이러한 결과-원인 논증에 종

---

15 Christopher F.Evans, *Resurrection and the New Testament* (London: SCM Press, 1970), 132.

16 N.T.Wright, 'Jesus' Resurrection and Christian Origins', *Gregorianum* 83 (2002), 615~23.

교에 바탕을 둔 기대의 변화를 추가했다. 그에 따르면 후기 유대교에는 모든 죽은 자가 부활하고 보편적인 심판이 있을 것이라는 희망이 있었다. 그런데 예수의 제자들은 전혀 다른 주장을 하기 시작했다. 한 개인인 예수가 이미 영광스럽게 부활했고, 이 사건이 역사의 종말을 예고했다는 것이다. 무엇이 이런 새로운 관점을 가져왔을까? 어떻게 '마지막 날 일어날 모든 이의 부활'이라는 기대가 '한 사람의 선행적 부활'이라는 예상치 못한 주장으로 바뀌었을까? 무엇이 1세기 상당수 유대인이 갖고 있던, 부활을 통한 삶의 완성에 대한 기대를 이렇게 근본적으로 바꾸었을까? 후기 유대교 시기 역사학자들은 이 결과, 즉 주목할 만한 기대의 변화를 기록으로 남겼다. 그 기록들에 따르면 설득력 있는 이유가 있다. 바로 예수가 실제로 죽은 자들 가운데서 부활했다는 것이다.[17]

그리스도교의 형성과 확산에 관한 논증이 그러하듯, 판넨베르크의 이 논증도 엄밀한 의미에서의 '증명'이라 할 수는 없다. 그리고 다른 설명도 가능하다. 이를테면, 역사의 종말에 보편적인 부활을 믿었던 일부 1세기 유대인들이 에녹(창세 5:24)과 엘리야(2열왕 2:9~12)처럼 죽지 않고 하늘로 올라

---

17 Wolfhart Pannenberg, *Jesus—God and Man*, 96.

간 사례를 떠올리고, 그 전통을 바탕으로 마지막 날에 일어날 부활 전에도 특별한 한두 사람이 죽은 자 가운데서 살아날 수 있다고 생각했을 수도 있다. 물론, 이 설명은 설득력이 떨어진다. 예수의 부활은 온 세상의 구원이라는 의미가 있는데, 이는 에녹이나 엘리야의 승천 이야기와는 근본적으로 차원이 다르기 때문이다.[18]

에반스, 라이트, 그리고 판넨베르크와 같은 사람들이 결과-원인 논증을 펼치기 위해 예수가 죽고 매장을 치른 뒤 제자들의 믿음에 나타난 뚜렷한 변화에 주목했다면, 리처드 스윈번Richard Swinburne⁺은 다른 점에 주목했다. 바로 예배를 드리는 날의 변화다.[19] 왜 유대인 제자들은 기존의 안식일(토요일)을 버리고 "주의 첫날"(일요일)을 새로운 예배일로 삼

---

18 에녹과 엘리야에 대한 기본적인 자료는 다음을 참조하라. Richard S. Hess, 'Enoch', *Anchor Bible Dictionary*, vol. 2 (New York: Doubleday, 1992), 508. Jerome T. Walsh, 'Elijah', 위의 책, 463~6.

19 다음을 보라. Richard Swinburne, 'Evidence for the Resurrection', *The Resurrection* (Oxford: Oxford University Press, 1997), 191~212, 특히 207~12. 웨더번은 의구심을 표했음에도 불구하고, 그리스도인들이 주일을 예배하는 날로 택한 이유에 관한 논증을 잘 제시했다. 이와 관련해서는 다음을 보라. Alexander .J.M. Wedderburn, *Beyond Resurrection* (London: SCM Press, 1999), 48~50. 스윈번과 웨더번 모두 윌리 로도르프Willy Rordorf의 고전적인 저서를 참조했다. Wily Rordorf, *Sunday: The history of the day of rest and worship in the earliest centuries of the Christian Church* (London: SCM Press, 1968).

았을까? 무엇이 이날을 그토록 특별하게 만들어서 예배를 드리는 날뿐 아니라 예배 방식까지 바꾸게 되었을까(1고린 11:23~26)? 스윈번에 따르면 가장 분명한 설명은 주일, 일요일이 예수의 빈 무덤을 발견하고 부활한 예수를 처음 만난 날이었기 때문이다. 이 논증 또한 절대적인 증명은 아니라 할지라도 어느 정도 설득력이 있다. 이 논증을 거부하는 이들은 유대인 제자들이 그토록 중요한 안식일 예배를 과감하게 포기하고 주일 예배로 바꾸었는지를 설명해야 한다.

부활한 예수의 현현과 빈 무덤

예수가 죽은 자들 가운데서 살아났음을 변증하려면 부활한 예수의 출현 기록과 빈 무덤을 발견했다는 기록이 역사적으로 신뢰할 만하다는 것을 입증해야 한다. 2세기 외경 베드로복음서(9:35~11:35)와 달리 바울이나 네 복음서 저자들은 누군가가 예수의 부활 순간을 직접 목격했다고 주장하지 않는다. 대신 신약성서는 제자들이 예수의 부활을 알게 된 건 두 가지 극적인 사건(일부 제자가 영광스럽게 살아난 예수를 본 사건, 모든 제자가 몇몇 여성 제자가 발견한 빈 무덤을 확인한 사건)을 거듭 언급한다.

초기 그리스도인들의 선포(이를테면 1고린 15:5~7, 루가 24:34)

와 바울의 기록(1고린 9:1, 15:8, 갈라 1:12, 16), 복음서(마태 28장, 루가 24장, 요한 20~21장, 그리고 암시적으로 마르 16:7)와 사도행전(이를테면 1:3, 10:40~41, 13:31), 그리고 마르코복음서에 달린 부록(16:9~20)은 부활한 예수가 다양한 사람과 집단, 무엇보다도 "열두 제자", 혹은 (유다가 배신한 뒤 루가복음서 24장 33절에서 분명하게 제시했듯) "열한 제자"에게 나타났다고 증언한다. 제자들은 주로 이런 방식으로, 살아 있는 예수를 봄으로써 그가 부활했음을 깨달았다. 그렇다면 부활한 예수가 나타났다는 기록들은 얼마나 신뢰할 수 있을까? 왜 막달라 마리아, 베드로, 바울을 비롯한 신약성서의 증인들이 정말로 실제로 부활한 예수를 보았다고 믿어야 할까? 자료마다 세부 사항은 다르다. 누가 부활하신 주님을 가장 먼저 보았는가? 막달라 마리아(요한 20:14~18, 마태 28:9~10)인가, 아니면 베드로(1고린 15:5, 루가 24:34)인가? 부활한 예수가 나타난 장소는 갈릴리(마르 16:7)인가? 아니면 예루살렘과 그 주변이었는가(루가 24장)? 하지만 바울, 복음서 저자들은 핵심 사실, 바로 부활한 예수가 특정 개인과 집단, 특히 "열두 제자"(1고린 15:5)에게 나타났다는 부분에 있어서는 일치한다.

동시에 이들은 부활한 예수가 나타난 사건의 구체적인 모습이나 속성을 설명하거나 묘사하는 데는 별다른 관심을 보이지 않는다. 1998년 내게 편지를 보냈던 사람은 자신과 의견을 달리하는 학자들이 "인간이 발견하고 설명할 수 있는" 부활을 주장한다고 했는데, 이는 오해다. 실제로 신약성서도, 이를 연구하는 학자들도 부활을 '발견'하거나 '설명'할 수 있다고 주장한 적은 없다. 다만 특정 증인들이 죽은 자 가운데서 부활한 예수와 만났고, 빈 무덤을 보았다고 증언할 뿐이다. 예수의 부활을 인간이 "발견하고 설명"하려 한다고 주장하고 이를 비판하는 건 실제로 존재하지도 않은 표적에 총을 쏘는 것과 같다.

1장에서 보았듯, 어떤 이들은 부활한 예수가 출현한 사건을 이와 비슷해 보이는 다른 현상과 연결해 그 독특함과 중요성을 축소하려 한다. 하지만 부활한 예수를 만난 체험과 그와 비슷한 현상(이를테면 게르트 뤼데만이 말했던 슬픔 및 죄책감과 관련된 심리학)에는 분명한 차이가 있다. 뤼데만은 그보다 앞서 비슷한 주장을 제기했던 이들과 마찬가지로 부활한 예수가 나타난 사건을, 일종의 황홀경 가운데 일어난 집단 환각으로 일축했다.[20] 신약성서에서 단 한 번 예수가 출현했다고, 특정한 날, 특정 집단에게만 나타났다고 기록했다면 이

---

20 다음을 참조하라. Gerd Lüdemann, *The Resurrection of Jesus*, 80~84, 97~100.

린 설명은 설득력이 있었을 것이다. 하지만 신약성서는 일정 기간 서로 다른 사람들과 집단들에게 부활한 예수가 나타났다고 증언한다. 신약성서에서 "황홀경에 빠진" 주요 집단 경험으로는 오순절 사건을 들 수 있을 것이다(사도 2:1~4). 그러나 이때 사람들은 성령을 받았지, 부활한 그리스도를 보는 것과는 관련이 없었다.

환각 이론을 내세우는 이들은 제자들이 예수가 죽고 매장된 이후 그가 부활하기를 간절히 바랐고, 그래서 예수를 보았다는 착각에 빠졌다고 가정한다. 그러나 신약성서는 이와 다른 증거를 보여 준다. 복음서에 따르면 제자들은 부활을 믿으려 하지 않았으며 오히려 부활한 그리스도가 직접 나타나 그들을 설득해야만 했다(마태 28:16~18, 루가 24:36~43).

환각 이론을 주장하는 이들에게 가장 커다란 걸림돌은 바로 바울이다. 바울은 부활한 그리스도를 만나기를 바라기는커녕 오히려 초기 그리스도인들을 박해하는 사람이었다. 게다가 그는 다른 제자들과는 전혀 다른 시기, 다른 장소에서 부활한 그리스도를 만났다(1고린 15:8, 갈라 1:11~24 참조). 제자들이 차례차례 서로 영향을 주고받으며 "부활한 예수 현현"을 환각으로 경험했다는 '열광적인 연쇄 반응' 가설로는 바울의 사례를 설명하지 못한다. 2세기 켈수스 시대부터 이런 환

각 이론은 계속 제기되어 왔지만, 언제나 근거가 부족한 주장으로 판명되었다.[21]

부활한 그리스도를 목격한 증인들의 수가 적은 건 사실이다. 하지만 증인이 수천 명이었다 해도 크게 달라지지는 않았을 것이다. 데이비드 흄David Hume이나 (다음 장에서 더 자세히 다룸) 윌리엄 K. 클리포드William K. Clifford+같이 완고한 회의론자들은 어차피 그런 증인들을 믿는 것이 비합리적이라고 주장할 것이기 때문이다. 신약성서의 증인 수가 적다는 사실은 그리 중요하지는 않다.

신약성서 저자들도 빈 무덤을 발견한 것 자체만으로는 예수의 부활을 입증할 수 없음을 알았다. 이를테면 요한복음서에서 막달라 마리아는 예수의 무덤이 비어 있는 것을 발견하고 단순히 누군가 시신을 옮겼다고 생각한다.

> 누가 주님을 무덤에서 가져갔습니다. 어디에 두었는지 모르겠습니다. (요한 20:2)

또한, 복음서들은 여인과 천사에 관한 세부 사항에서 서로

---

21 1장, 각주 19번을 참조하라.

다른 이야기를 전한다. 몇 명의 여인이 예수의 무덤에 갔는지, 왜 갔는지, 몇 명의 천사가 있었는지, 천사들이 어디에 있었는지, 어떤 일을 했고, 무슨 말을 했는지, 여인들은 어떤 반응을 보였는지, 그 후 무엇을 했는지 각기 다르게 말한다. 그러나 (마태오와 루가가 따르는) 마르코복음서와 (다른 전승을 따르는) 요한복음서는 가장 중요한 부분에서 일치한다. 적어도 한 명의 여인(막달라 마리아)이 예수가 죽고, 매장된 이후 이틀 만에 빈 무덤을 발견했다는 것이다. 그렇다면 이 증언은 역사적으로 신뢰할 만한가? 마르코복음서 15장 42~47절과 16장 1~8절에서 보이는 여성들의 모습을 보면, 적어도 예루살렘에 있던 그리스도인들은 예수가 어디에 묻혔는지를 알고 있었던 것 같다. 그렇다면 정말 사람들은 예수의 죽음 직후 그의 무덤이 비어 있다는 사실을 알게 되었을까?

빈 무덤의 역사성에 대해 제기되는 반론 중에 가장 흔한 반론은 빈 무덤 이야기를 부활의 메시지를 설명하기 위한 일종의 전설로 보는 견해다.[22] 이러한 입장을 보이는 이들에 따르면, 마르코복음서 16장 1~8절과 이후 빈 무덤 이야기들의 목적은 실제 무덤의 상태를 전하는 데 있지 않으며, 단지 부

---

22 다음을 보라. Hans Küng, *On Being a Christian* (London: Collins, 1976), 364.

활을 선포하는 문학적 방식이었고, 십자가에 달린 예수가 부활했고, 나타났다는 핵심 선포(1고린 15:3~8)에서 파생된 이야기라고 본다. 이들은 고린토인들에게 보낸 첫째 편지 15장에 나오는 기록과 마르코복음서 기록 사이 10~15년 동안 빈 무덤 이야기가 발전했다고 추정한다. 4장에서 살펴보겠지만, 어떤 학자는 마르코가 예수의 부활과 나타남이라는 핵심 전승을 설명하기 위해 빈 무덤 이야기를 만들어 냈다고 주장하기도 한다.

부활한 예수가 나타났다는 전승이 상상을 발휘해 빈 무덤 이야기를 만들어 냈다는 가설은 설득력이 매우 떨어진다. 면밀하게 성서를 보면 두 가지 전승(부활하신 예수가 나타난 사건과 빈 무덤)은 서로 다른 기원을 갖고 있다. 둘의 차이점을 염두에 두면 전자가 후자를 만들어 냈다고 말하기 어렵다.

고린토인들에게 보낸 첫째 편지 15장 3~8절의 주요 요소, 성서 구절 인용(1고린 15:3, 4), "우리의 죄를" 속죄하는 죽음(1고린 15:3), 일찍이 예수의 두 번째 이름이 된 '그리스도'라는 칭호(1고린 15:3), 부활한 예수가 "500명이 넘는 형제들"과 야고보, 그리고 "모든 사도"와 바울에게 나타난 것(1고린 15:6~8)은 마르코복음서 16장 1~8절에 전혀 등장하지 않는다. 마르코복음서에서는 흰옷을 입은 젊은 남자가 세 여인에게 부활한 예수가 "제자들"과 베드로에게 나타날 것이라고 약속한다(마르 16:7). 마르코복음서가 전하는 이야기의 핵심 내용, 즉 (이름이 있는) 세 여인이 빈 무덤을 발견한 것, 천사가 상황을 해석해 준 것, 부활한 주님께서 갈릴리에서 제자들을 만나리라 약속한 것은 고린토인들에게 보낸 첫째 편지 15장 3~8절에서 전혀 발견되지 않는다(바울은 부활하신 예수께서 나타나신 사건의 목록을 제시할 때, 특정 지역을 제시하지 않는다). 고린토인들에게 보낸 첫째 편지 15장 3~8절과 마르코복음서 16장 1~8절을 간단히 비교해 보더라도 예수가 부활하고 나타났다는 메시지가 빈 무덤 이야기를 만들어 냈다는 가설이 얼마나 의심스러운지를 알 수 있다. 두 이야기는 서로 다른 기원에서 나온 것으로 보인다. 그렇다면 빈 무덤에 대한 기록은 신뢰할 만한가?

빈 무덤 이야기가 신뢰할 만하다고 주장하는 이들은 다양한 논거를 제시한다. 예를 들어 그들은 여인들이 이 이야기에서 중심 역할을 한다는 점을 강조한다. 마르코복음서 중 가장 오래된 사본에 따르면(마르 16:1~8) 세 여인은 첫 부활절 아침에 무덤이 열린 채 비어 있는 것을 발견하고 깜짝 놀란다. 이 이야기가 초기 그리스도인들이 만들어 낸 전설이라면, 그들은 차라리 여인들이 아니라 남자 제자들이 빈 무덤을 발견한 것으로 이야기를 만들었을 것이다. 1세기 팔레스타인에서 여성과 노예는 사실상 유효한 증인으로 인정받지 못했기 때문이다.[23] 누군가가 빈 무덤 전설을 만들어 냈다면, 여자가 아니라 남자가 빈 무덤을 발견했다고 하는 것이 자연스럽다. 사람들은 전설을 만들 때 도움이 되지 않는 내용을 일부러 만들지 않는다.

몇몇 비평가는 이러한 주장을 다양한 방식으로 반박했다. 첫 부활절에 남자 제자들은 이미 예루살렘에서 도망쳤고 도시로 돌아오지 않았다는 사실이 알려져 있었다. 그러므로 마르코를 비롯해 빈 무덤 이야기를 만들어 낸 이들에게는 달리 선택의 여지가 없었다고, 이야기의 주인공은 예루살렘에 남아 있던 것으로 알려진 여자 제자들이어야만 했다고 빈 무덤 이야기를 일종의 전설로 보는 이들은 말했다.[24] 하지만 이런 비판에는 이상한 모순, 특히 빈 무덤 이야기를 만든 사람이 지녔을 '도덕적 태도'에 관한 뒤엉킨 생각이 있다. 이 비판을 따르자면, 빈 무덤 전설을 만든 사람은 첫 부활절 아침 예루

---

23 Joachim Jeremias, *Jerusalem in the Time of Jesus* (London: SCM Press, 1969), 374~5 참조.

24 Peter Carnley, *The Structure of Resurrection Belief* (Oxford: Clarendon Press, 1987), 60 참조.

살렘에 여자 제자들만 있었다는 역사적 사실은 정확하게 지키면서, 이들이 무덤을 방문하고 빈 무덤을 발견했다는 완전히 새로운 이야기는 마음대로 지어내야 한다. 당시 초기 그리스도인들은 이를 어떻게 받아들였을까? 비판이 맞았다면, 그들은 그날 아침 여자 제자들이 예루살렘에 있었다는 사실은 알고 있었지만, 그들이 무덤을 찾아가 빈 무덤을 발견했다는 이야기는 처음 들었을 텐데 말이다.

빈 무덤 이야기를 비판하는 어떤 이들은 여인들이 증인으로서 가치가 없었다는 주장이 사실이 아니라며 반박하기도 한다. 빈 무덤 이야기가 팔레스타인에서 만들어졌다면 여성 증인이 이 이야기의 역사적 신뢰성을 입증하는 데 도움이 되었을 것이다. 하지만 이들에 따르면 이 이야기는 후대, 헬레니즘 문화권에서 만들어졌다. 그래서 빈 무덤 이야기를 만든 사람과 이 이야기의 독자들은 여자를 증인으로 내세우는 것을 당혹스러운 일이나 문제가 되는 사안으로 여기지 않았을 것이라고 그들은 추정한다.

이때 논쟁의 핵심은 마르코복음서가 언제 쓰였냐는 것이다. 많은 학자는 기원후 70년경 혹은 더 이른 시기를 제안한다. 또 다른 중요한 문제는 마르코가 쓴 글에서 헬레니즘, 혹은 그리스-로마 요소를 얼마나 발견할 수 있느냐는 것이다.

이 1세기 그리스도인은 새로운 신앙에 깊이 헌신했고, 유대교 배경에서 태어나고 자랐을 것이다. 그리고 유대교 경전에 깊이 천착했고, 특별한 문학적 재능은 없었던 것으로 보인다. 그런 사람이 예수의 부활을 선포하기 위해 (이를테면 누군가 하늘로 올라갔다는 식의) 그리스-로마 사상을 차용해 '허구'를 만들거나 사용했을까? 마르코복음서 1~15장을 보면 마르코가 예수 이야기를 유대인의 구원사라는 맥락에서 전개하고 있음을 알 수 있다. 이 장들에서 그는 예수가 어떻게 (그리스-로마 사상보다는) 다양한 유대교의 내용을 성취했는지를 설명하기 위해 유대교 경전을 자주 인용하고 암시한다. 그랬던 그가 마지막 여덟 구절을 쓸 때는 갑자기 그리스-로마 사상을 배경으로 삼았다고 설명할 수 있을까? 이 주장을 지지하는 대표적인 학자인 아델라 야브로 콜린스Adela Yarbro Collins[+] 조차 마르코복음서에서는 그리스-로마 문학의 영향을 거의 찾아볼 수 없음을 인정할 수밖에 없었다.[25] 그렇다면, 마르코

---

25 다음을 보라. Adela Yarbro Collins, 'The Empty Tomb in the Gospel According to Mark', *Hermes and Athena* (Notre Dame, Ind.: University of Notre Dame Press, 1993), 107~40, 특히 130~31. 그리고 내가 쓴 다음 글을 참조하라. Gerald O'Collins, 'The Resurrection: The State of the Questions', *The Resurrection*, 5~28, 특히 15~17. 그리고 다음 책을 참조하라. Dennis R.MacDonald, *In The Homeric Epics and the Gospel of Mark* (New Haven: Yale University Press, 2000). 여기서 맥도널드는 마르코가 호메로스의 서사

의 성격이 갑작스레 바뀌어서 복음서 마지막 장에 헬레니즘 자료를 사용했다고 주장하는 것은 설득력이 떨어진다.

지금까지 우리는 부활한 예수의 출현과 빈 무덤 전승의 역사적 신뢰성과 관련된 다양한 질문을 살펴보았다(이전에 출간한 저술들에서는 훨씬 더 많은 분량을 할애해 이 문제를 다룬 적이 있다).[26] 그렇다면 이러한 역사적 논증은 부활 신앙을 형성하는 데 얼마나 도움이 될까?

시를 본떠 이야기를 만들었다고 주장한다. 하지만 스티븐 데이비스 Stephen Davis가 지적했듯이, 마르코가 "독자에게 예수를 오디세우스보다 위대한 영웅으로 소개하고자 했다면, 그 의도를 너무하다 싶을 정도로 잘 숨겼다". 이어서 데이비스는 말한다. "루가와 마태오도 마르코복음서에 기록된 단어 하나하나에 세심하게 주의를 기울였지만, 호메로스의 영향을 전혀 발견하지 못했다. 그리스 고전을 아주 잘 알고 있었고, 고전에 빗대어 성서의 우월함을 드러내고자 힘썼던 동방 교회 교부들도 마찬가지였다. 수백 년 뒤에 맥도널드가 등장하기 전까지는 아무도 그런 주장을 하지 않았다. … 그가 말한 것처럼 마르코가 자신의 의도를 숨긴 것은 이해하기 어려운 일이다. 어째서 마르코는 호메로스를 가끔이라도 언급하거나, 그의 말을 인용하고 그의 어휘를 사용하지도, 호메로스를 직접적으로 암시하지도 않았던 것일까? 어떤 본문이 이전 본문에 의존한다는 것을 보여 주는 흔한 방식인데 말이다. 마르코가 구약성서를 인용하거나 암시하는 것을 전혀 꺼리지 않았다는 점을 염두에 둔다면 더 이상한 일이다. … 2,000년이 넘는 시간 동안 아무도 발견하지 못한 호메로스의 영향을 왜 21세기에 와서야 발견했는지에 대해서는 다른 누구보다 맥도널드가 설명해야 한다."

26 예를 들어 다음 책을 참조하라. Gerald O'Collins, *Jesus Risen* (Mahwah, NJ: Paulist, 1987), 112~27.

증거의 한계

그리스도의 부활에 대한 믿음을 뒷받침하는 역사적 증거를 면밀하게 살피는 일은 분명 가치가 있다. 이러한 작업을 통해 우리는 부활에 대한 믿음과 관련된 논거들을 모을 수 있으며, 예수의 십자가형과 매장 이후 무슨 일어났는지(혹은 일어나지 않았는지)에 대한 여러 반론의 문제점을 드러낼 수 있다. 하지만 역사적 증거들에만 천착하면, 우리도 모르는 사이 부활에 대한 믿음이 완전히 합리적이어야 한다는 암묵적 기대를 따르게 될 수 있다. 신앙은 역사적 지식만으로는 온전히 설명될 수 없다. 그런데도 왜 우리는 부활에 대한 믿음이나 하느님에 대한 믿음을 완전히 이성적으로 증명해야 한다고 여길까?

합리적 논증은 종교에 기반한 믿음과 관련이 있지만, 믿음을 얻거나, 더 정확하게는 믿음을 받아들이는 데 충분한 조건은 되지 못한다. 우리는 논증만 가지고서 누군가를 그리스도교 신앙으로 이끌 수 없음을 여러 경험을 통해 알고 있다. 역사적 증거만으로 부활에 대한 믿음을 확립하거나 확증하기에 충분하다면, 그러한 신앙은 증거를 검토하고 거기서 명백한 결론을 도출해 내는 모든 이가 이를 받아들여야 할 것이다. 하지만 이는 위에서 이야기한 판넨베르크의 입장과 그에 대한 반박으로 되돌아가는 것이다. 판넨베르크가 옳다면, 예수가 죽은 자들 가운데서 살아났다는 결론에 동의하는 이들 중 단연 많은 수가 증거를 가장 잘 평가할 수 있는 사람(역사학자)이어야 하나 현실은 그렇지 않다. 게다가 일방적으로 증거에만 집착한다면, 부활을 아는 것을 부활에 관한 증거를 아는 것과 동일시할 위험이 있다.

그러나 삶의 다른 측면에서도 그러하듯이 부활의 문제에서도 우리는 증거보다 더 많은 것을 알고 있다. 예를 들어, 사람 간의 가까운 관계에서 그를 안다고 할 때, 이는 단순히 그 사람과 관련된 객관적인 사실들을 아는 것을 넘어선다. 누군가를 진정으로 아는 것은 '그에 대해 아는 것', 혹은 그에 관한 정보들을 아는 것과는 차원이 다르다. 진실로 그를 알기 위해서는 그를 직접 만나고, 깊이 이해하며 오랜 시간 계속 그를 경험해야 한다.

부활의 문제도 이런 관점으로 바라볼 수 있다. 즉 단순한 역사적 증거를 넘어, 우리가 어떻게 부활한 예수를 알 수 있는지, 어떻게 그를 깊이 있고 지속적으로 경험할 수 있는지를 살펴보는 것이다. 다음 장에서는 이러한 앎이 무엇이며, 그것이 어떻게 가능한지 살펴보도록 하겠다.

증언과 체험

성령을 힘입지 않고서는 아무도 "예수는 주님이시다"
하고 말할 수 없습니다.

— 고린토인들에게 보낸 첫째 편지 12:2

거룩한 것은 거룩한 백성을 위한 것입니다. 거룩하신 분
도 한 분이시요, 주님도 한 분이시며, 그분은 예수 그리스
도이십니다. 오! 주님의 선하심을 맛보고 깨달으십시오.

— 예루살렘의 성 키릴루스St Cyril of Jerusalem,

『신비 교리 교육』Mystagogical Catecheses 5, 19-20

개별 논증만으로는 그리스도의 부활을 온전하게 보여줄

수 없다. 그러나 이 모든 논증을 한데 모으면 충분히 입증
할 수 있다.

— 토마스 아퀴나스, 『신학대전』 Summa Theologiae

3부 55문, 6절, 첫 번째 반론에 대한 답변

이따금 우리는 유명인의 혼외자가 발견되었다는 소식을
듣곤 한다. 처음에 유명인은 사실을 부인하다 DNA 검사를
받고, 소식이 사실로 밝혀지고 나면 그제야 이를 받아들인
다. DNA 검사는 그가 아이의 아버지라는 사실을 분명하게
입증한다. 하지만 이런 강제적인 증거는 건강하고 생명력 있
는 관계를 만들기는커녕, 그들의 관계가 이미 무너져 있음을
보여줄 뿐이다. '증거'만으로는 사람들이 서로를 진정으로
이해하고 의미 있는 관계를 맺고 풍성한 경험을 나누지 못하
게 한다.[1] 윌리엄 클리포드는 모든 믿음이 객관적인 증거에
기반을 두고 있어야 한다고 주장한 대표적인 학자였다. 그는
케임브리지 대학교 트리니티 칼리지의 연구원이었고, 1871

---

1 여기서(그리고 이 책에서 대체로) '증거'는 대체로 객관적인 증거를 뜻한
다. 하지만 증인과 관련해, 그들이 "증거를 제시한다"고 했을 때 그 증
거는 주관적인 증언의 요소다. 문맥을 보면 '증거'가 주관적인 방식으
로 사용되고 있는지, 아니면 객관적인 방식으로 사용되고 있는지를
구분할 수 있다.

년, 26세에 런던 유니버시티 칼리지의 수학과 교수로 임명되었으며 1874년에는 왕립학회 회원으로 선출되었고 1879년 33세의 젊은 나이에 폐결핵으로 세상을 떠났다. 「믿음의 윤리」The Ethics of Belief라는 논문에서 클리포드는 널리 알려진 (그만큼 악명 높은) 공리를 제시했다.

> 증거가 불충분한 상태에서 무언가를 믿는 것은 언제, 어디서나, 누구에게나 잘못된 일이다.[2]

하버드 대학교 교수였던 윌리엄 제임스William James⁺는 1896년 발표한 논문 「믿으려는 의지」The Will to Believe에서 클리포드가 제시한 공리에 대해 이렇게 반박했다.

> 클리포드는 그 무엇도 손쉽게 믿지 말라고 한다. 불완전한 증거로 잘못된 것을 믿느니 영원히 판단을 보류하라고 한다. … 거짓을 믿느니 차라리 영원히 아무것도 믿지 않는 게 낫다고 말은 사실 속는 것에 대한 지나친 두려움을 드러낼 뿐이다. 그는 다른 많은 욕망과 두려움은 비판할 줄 알면서,

---

[2]   William K. Clifford, 'The Ethics of Belief', *Religion from Tolstoy to Camus* (New York: Harper, 1961), 201~20.

이 특정한 두려움에는 노예처럼 굴복한다. 이런 태도에는 의문을 제기할 수 있다는 것조차 상상하지 못한다. 물론 나도 속는 것을 두려워한다. 하지만 이 세상에는 속는 것보다 더 나쁜 일들이 있다. 그러한 면에서 클리포드의 조언은 완전히 비현실적으로 들린다. 이는 마치 장군이 병사들에게 "단 한 번의 상처를 입더라도 위험할 수 있으니 절대 전투에 나가지 말라"고 말하는 것과 같다. 그렇게 해서는 절대 적과 싸워 이길 수도 없고, 자연을 정복할 수도 없다. 우리는 분명 잘못을 저지르지만, 한 번의 잘못이 그렇게까지 끔찍하지는 않다. 아무리 조심해도 잘못과 실수를 피할 수 없는 세상에서, 잘못에 대한 과도한 두려움보다는 어느 정도 여유로운 태도를 갖는 것이 훨씬 더 건강하다.[3]

또한, 클리포드의 공리는 우리의 가장 중요한 믿음이 어떻게 형성되는지를 간과한다. 우리는 보통 '무언가'를 먼저 믿지 않으며 '누군가'를 믿는다. 우리는 누군가를 깊이 신뢰하기에 그와 결혼을 하고, 부모와 선생을 먼저 신뢰하기에 그에게 많은 것을 배우고 받아들인다. 클리포드도 "세상의 지

---

3 위의 책, 221~38.

식은 매일 엄청나게 늘어나고 있다"는 사실과 "그 누구도 그 지식 중 100분의 1조차 직접 경험하거나 검증할 수 없"음을 인정한다.[4] 그런데도 그는 "우리가 믿는 모든 것에 의문을 제기해야 한다"고 말한다.[5] 이러한 보편적인 의심이 어떻게 가능한지, 그리고 클리포드 자신이 했던 다른 말("누군가가 자신이 말하는 내용을 알고 있고, 그가 알고 있는 한에서 진실을 말하고 있다고 추정할 만한 합리적인 근거가 있다면, 그 말을 믿을 수 있다")과 어떻게 조화를 이룰 수 있는지 궁금하다.[6] 그리고 누군가가 "잘 알고 있고", "진실을 말한다"는 것을 어떻게 "충분한 근거"로 입증할 수 있는가?

클리포드의 공리는 과학에 따른 어떤 증명이라기보다는 '직관'이나 단순한 주장에 가깝다. "증거가 불충분한 상태에서 무언가를 믿는 것은 언제, 어디서나, 누구에게나 잘못된 일이다"라는 주장을 입증하기 위한 충분한 증거는 무엇인가? 이 주장은 어떻게 입증할 수 있는가? 누군가는 그의 공리를 뒤집어서 "증거가 충분하지 않다고 해서 믿지 않는 것은 언제, 어디서나, 누구에게나 잘못되었다"고 말할 수도 있지

---

4 위의 책, 207.

5 위의 책, 205.

6 위의 책, 220.

않을까? 물론 이 주장 역시 어떻게 입증할 수 있을지는 의문이지만 말이다.

「믿음의 윤리」에서조차 클리포드는 자신이 제시한 공리와 모순되는 모습을 보인다. 그는 모든 믿음을 의심해야 한다면서도, 정작 자신의 믿음과 불신은 제대로 검증하지 않는다. 이를테면 그는 루르드 성지 순례를 "도덕적이지 않으며, 저열한 미신"이라고 아무런 근거 없이 단정 짓고, 호주 원주민들이 도끼를 만들 때 (날카로운 돌이나 금속으로 된) 도끼 머리를 나무 자루 옆면에 대고 끈으로 묶어 고정하는 방식을 별다른 근거 없이 멸시했으며, 철제 증기선을 처음 접해 기술을 익히려는 스페인 해군 기술자들과 회중시계를 처음 보고 그 사용법을 알려는 "야만인"들을 모두 경멸했다.[7] 이토록 가혹한 평가가 정당함을 보여줄 수 있는 "충분한 증거"가 클리포드에게 있었을까? 윌리엄 제임스는 이런 그의 입장을 날카롭게 비판했다. "순수이성"은 "우리의 입장"을 결정하지 않는다.[8] 루르드 성지에 대한 클로포드의 주장을 제임스가 직접 언급하지는 않았다. 하지만 그의 분석은 정확히 들어맞았다. 클리포드는 루르드에서 일어난 치유와 관련된 "증거

---

7 위의 책, 214~216.
8 위의 책, 225.

를 검토조차 하지 않은 채", 성지 순례가 병자와 건강한 사람 모두에게 가치가 있다고 보는 로마 가톨릭 교회의 "정서"를 쓸모없다고 단정했다. 그는 루르드와 관련된 모든 사실과 이론을 받아들이지 않았다.[9] 제임스는 결론에서 이 문제의 핵심을 정확히 짚어 냈다.

> 클리포드와 같은 이들이 '증거가 충분하지 않음에도' 그리스도교인이 되는 것이 얼마나 잘못된 일인지 말할 때, 실제로 그들은 증거가 충분하냐, 충분하지 않으냐에는 관심이 없다. 그들에게는 자신이 그리스도교를 반대할 만한 충분한 증거를 갖고 있다고 여기고 그것으로 족하다. 그들은 이미 반그리스도교 세계관을 완벽하게 받아들이고 있어서 다른 가능성은 끼어들 여지가 없다. 그들에게 그리스도교는 애초에 폐기된 가설이었다.[10]

「믿음의 윤리」에서 클리포드는 부활 문제를 다루지는 않았다. 하지만 그는 증거가 충분하지 않은데도 부활을 믿는 것은 언제, 어디서나, 누구에게나 잘못된 일이라고 주장했

---

9 위의 책, 226.

10 위의 책, 228.

을 것이다. 하지만 우리는 물어야 한다. 과연 그런 믿음을 위한 '충분한 증거'라는 것이 존재할 수 있는가? 모리스 웨스트 Maurice West의 소설 『하느님의 광대들』The Clowns of God에서 프랑스인 교황은 독일인 친구에게 말한다.

칼, 내 오랜 친구여, 충분한 증거란 존재하지 않는다네.

클리포드처럼 부활 신앙을 입증하기에 충분한 증거를 내놓으라는 요청에 좀 더 깊이 있게 답하려면, 클리포드에 앞서 부활에 의문을 제기했던 데이비드 흄의 논의를 자세히 살필 필요가 있다. 그에게 죽은 자의 부활을 믿는 것은 결코 합리적인 일일 수 없었다. 아무리 많은 증인이 있다 하더라도, 합리적인 사람이라면 그리스도의 부활을 받아들일 수 없다고 흄은 생각했다.[11]

---

11 다음을 참조하라. Robert A.Larmer, *Water into Wine?* (Montreal: McGill, 1988). Robert A.Larmer, *Questions of Miracle* (Montreal: McGill, 1996). Richard Swinburne, *The Concept of Miracle* (London: Macmillan, 1970). Richard Swinburne(ed.), *Miracles* (London: Collier Macmillan, 1989). 부활과 기적 문제를 다룰 때, 신을 부정하는 흄과 클리포드의 견해도 함께 다룰 필요가 있다. 클리포드는 자연이 일관성을 지니고 있다고 확신한다. "어떤 증거도 자연과 모순되거나 일관성을 거스르는 진술을 정당화할 수는 없다." (William K.Clifford, 'The Ethics of Belief', 219.) 이 논리 위에서는 당연히 죽은 예수가 부활했다는 진술을 입증할 증거란 존재할 수

클리포드와 흄에 대응해, 우리는 '자연법칙은 변하지 않는다'는 주장과 '때로는 예외도 있을 수 있다'는 주장을 검토해 볼 수 있다. 하지만 좀 더 중요한 질문은 클리포드와 흄이 주장하듯 '과학적 증거만을 기준으로 삼는 것'이 부활한 그리스도를 이해하는 참된 방법이냐, 혹은 부활을 거부하는 올바른 방법이냐 하는 것이다. 종교에서 전하는 진리를 받아들이거나 거부하는 '믿음'은 단순히 과학적 증거로 형성되지 않는다. 개인의 체험과 사람들의 증언을 통해 형성된다.

부활한 그리스도에 대한 증언

우리는 주로 다른 이들의 증언을 통해 앎을 얻고 확장한다.[12] 오랜 교육 과정에서 우리는 부모와 선생에게, 그들의 권위에 근거해, 그들이 가르치는 많은 내용을 받아들인다. 정규 교육 과정을 마친 뒤도 마찬가지다. 우리는 의학, 생물학, 그리고 다른 학문 분야에서 인정받은 전문가들의 말을 계속해서 받아들인다. 물론 충분한 능력이 있다면, 이를테면 과학 실험을 할 수 있는 역량이 되면 이를 직접 실험을 통해

없다. 부활과 같은 사건은 자연이 가진 일관성에 어긋나기 때문이다.

[12] Cecil A.J.Coady, *Testimony: A Philosophical Study* (Oxford: Clarendon Press, 1994).

전문가들에게 배운 내용을 검증해 볼 수도 있을 것이다. 하지만 아무리 많은 분야의 전문 지식을 갖고 있다고 해도 의학자, 천문학자, 그리고 다른 전문가들이 말하는 모든 내용을 직접 검증하기란 불가능하다. 다른 무엇보다, 그럴 시간이 없기 때문이다. 좋든 싫든, 인간의 앎과 관련된 광범위한 영역에서 우리는 신뢰할 만한 증인들의 증언에 의존할 수밖에 없다.

가정과 법정, 그리스도교의 메시지가 전파되는 곳에서 증인이 전하는 말들을 살펴보면, 그 말들이 '역사적 증언'historical testimony이라는 성격을 지님을 알 수 있다. 역사적 증언의 경우, 시간을 거꾸로 돌릴 수 없고, 증인이 증언하는 사건을 직접 체험할 수도 없다. 인기 있는 공상과학 소설과 영화에 타임머신이 등장하곤 하는 것은 그만큼 많은 사람이 시간을 거슬러 가기를 바라고, 특별히 관심을 두고 있는 사건들을 직접 체험해 보기를 원한다는 것을 의미한다. 그러나 그런 일은 불가능하다. 역사적 문제의 경우, 우리는 고고학적, 법의학적 증거에서 비롯된 단서와 함께 여러 증언, 특히 글로 기록된 증언에 의존해야 한다. 법정에서, 가정에서, 그리스도교 메시지가 전파되는 가운데 증인을 믿는 것은 나와 타인의 삶에 깊은 영향을 미칠 수 있고, 심지어 그 삶을 영원히 바꿔놓을 수도 있다. 그러나 증인들을 믿어야 하는 이유는 무엇일까? 개인적으로 체험한 것에 대한 증언을 받아들인다는 것은 무엇을 의미하는가?

예수의 부활을 처음으로 증언했던 사도의 권위를 가진 증인들과 그들의 증언을 우리에게 전달해 준 수많은 증인을 믿는 것에는 자신이 직접 참여하고 관여한 사건에 대해 증언하는 신뢰할 만한 증인을 믿는 것보다 더 많은 의미가 담겨 있다. 먼저, 그것은 부활한 예수를 만난 사람들의 증언을 믿는 것이다. 이들은 특별한 체험을 통해서 부활한 예수를 만났으며, 그 경험은 어느 정도(1장 참조) 그들에게만 주어진 특별한 체험이었다. 우리가 1세기 초반에 살고 있더라도 부활한 예수를 만났던 증인들의 체험을 되풀이할 수 없었을 것이며, 증명할 수도 없었을 것이다. 거룩한 여인들이 예수의 무덤에 방문했던 행위를 반복하면서 예수의 무덤이 비었는지 확인해 볼 수는 있을 것이다. 그러나 도마를 생각해 보자(요한 20:24~29). 그의 증언은 부활한 예수에게 어떻게든 나타나 보라고 요구해서 얻은 것이기에, 행위를 반복하는 방식으로는 직접 확인할 수 없었을 것이다. 우리의 입장은 그보다는 고린토에 있던 그리스도인들, 갈라티아에 있던 그리스도인들과 유사하다. 바울은 부활한 예수를 만났던 경험을 언급하면서(1고린 9:1, 15:8, 갈라 1:12, 16) 여러모로 믿음과 행실에서 실패한 성도들을 책망했다. 그러나 바울 자신이 특별한 만남을 체험한 뒤에 사도직을 시작하게 되었다는 이유를 들어 그들이 주님을 보지 못한 것을 비난한 적은 없다. 바울은 "당신은 어떤 그리스도인입니까? 어째서 주님께서 당신에게 나타나시지 않는 것입니까?"라고 말하지 않았다. 부활의 증인들이 전하는 증언을 받아들이는 것은 어떤 면에서 그들만 누렸던 체험, 반복할 수 없는 체험에 대한 증언을 받아들이는 것이다. 둘째, 부활에 대한 증언을 받아들이는 것은 우리 실존과 온 우주의 본질과 의미, 운명에 관해 제기되는 가장 중요한 질문에 답하는 것이다. 즉, 현실을 해석하는 방식을 변화시키는 것이며, 교회와 세상에서 새로운 존재 방식과 행동 방식을 요청하는 것이다. 이에 대해서는 좀 더 설명할 필요가 있다.

부활한 예수의 출현을 목격한 사도의 권위를 가진 증인들은 그 사건과 함께 그 사건을 통해 일어난 변화, 즉 삶의 방식의 변화와 새로운 희망을 얻은 것을 증언했다. 바울은 고린토인들에게 보낸 첫째 편지와 갈라티아인들에게 보낸 편지에서 그리스도를 통해 영광스러운 부활에 동참할 수 있다는 새 희망과 변화된 삶의 방식을 자세히 다룬다(1고린

15:12~58). 로마인들에게 보낸 편지에서는 다가올 영광에 온 창조세계가 동참한다는 기대를 간략하게 이야기한다(로마 8:18~25).

따라서 부활을 증언하는 사람들은 부활한 예수의 출현과 함께 거기서 더 확장된 부활의 메시지를 선포한다. 이 온전한 부활의 메시지는 사도의 권위를 가진 증인들에게서 시작되었고, 수많은 장소와 셀 수 없이 많은 신자, 그리고 매우 오랜 시간을 거쳐 전파되었다. 부활에 대한 증언을 받아들인다는 것은 그 메시지를 증언한 사람들을 신뢰한다는 것이다. 부활의 증인들은 우리에게 부활 사건을 온전히 "다시 보여준다." 이들이 없었다면, 부활 사건은 잊혔을 것이다. 부활에 대한 증언이 가진 진실성은 증인들이 증언을 통해 하느님과 더 깊이 연합하게 될수록 믿을 만한 것이 되었다. 거룩한 삶, 타인을 향한 사랑의 섬김은 이들의 증언을 더욱 믿을 수 있게 만든다. 부활한 그리스도는 증인들이 부활 신앙을 가지고 살아왔던 방식, 그리고 계속해서 살아가는 방식을 "통해" 이 세상에 현존한다.

이와 같은 원리는 우리가 직접 경험할 수 없거나, 경험하지 못한 사건을 받아들이는 데 다양한 방식으로 적용된다. 예를 들어 법정에서 배심원들은 증인에게 '공감대'가 형성되었을 때 그의 말을 신뢰하는 경향이 있다. 좀 더 친밀한 예로, 부모가 자녀들에게 자신들이 어떻게 만나 결혼하게 되었는지를 이야기할 때 자녀들은 부모에 대한 사랑 때문에 그 이야기를 자연스럽게 받아들인다. 이야기를 들려주는 동안 자녀들이 그 이야기를 쉽게 믿지 않으려 하고, 윌리엄 클리포드처럼 '충분한 증거'를 요구한다면 어떻게 될까? 이는 가족 간의 관계가 이미 깨져 있음을 보여 주는 것이다. 그리고 증거를 요구하면 요구할수록 불신은 점점 더 깊어질 것이다. 부활 신앙의 경우 그리스도교인들은 기본적으로 신약성서에 기록된 증언들부터 출발한다. 부활에 관한 증언들을 담은 성서 본문들은 교회 공동체를 통해 전해졌고 설교, 전례, 개인 기도를 통해 다시 표현되고 새롭게 살아나며 의미를 지닌다. 종교 음악과 예술 작품들도 신약성서의 증언들을 우리가 생생하게 받아들이는 데 중요한 역할을 한다. 이런 다양한 방식을 통해 우리는 그리스도의 십자가 죽음과 부활이라는 관점으로 자신을 이해하고 받아들이도록 초대받는다.[13] 부활 증언은 각 그리스도교인이 자신의 삶에서 그 증언을 실제로 받아들일 때 비로소 참되게 실현된다. 이는 마치 음악

---

13 J.Bowden, 'Resurrection in Music', *Resurrection* (London: SPCK, 1994), 188~97.

과 같다. 아무리 훌륭한 음악을 담고 있는 악보일지라도 '연주'되지 않으면 진정한 음악이 될 수 없다. 부활에 관한 성서 본문도 우리 삶을 통해 '연주'되지 않으면 불완전한 상태로 남는다. 이 본문들은 본래 그리스도인들이 자신들의 신앙을 강화하고 유지하기 위해 기록되었으므로, 교회의 선포, 예배 생활 가운데 그 본문들이 증언하는 바를 실제로 경험할 때 그 목적을 온전히 이루게 된다고 할 수 있다. 예배하는 공동체 안에서 각자가 인격적인 경험을 할 때, 그리스도교인은 부활 증언의 진실성을 확인하고 깨닫게 된다. 물론 우리가 신앙을 두는 궁극적 대상은 성서 본문이나 증인들이 아니라, 성령의 권능으로 예수를 부활시키신 하느님과 부활한 예수다. 그분이 우리의 믿음을 당신에게 두게 하신다.

부활한 그리스도를 체험하는 것

> 두세 사람이 내 이름으로 모여 있는 자리, 거기에 내가 그들 가운데 있다. (마태 18:20)

이 구절은 초기 그리스도인들이 함께 모여 예배 드리는 가운데 얻은 체험을 반영한다.[14] 그들은 예배 중에 부활한 그리스도의 현존, 자신을 넘어서게 하고 삶을 변화시키는 힘, 그리스도의 영이 지닌 힘을 체험했다. 예배, 무엇보다도 주일에 모여 드리는 예배는 부활 체험, 신앙이 자라고 꽃피는 가장 중요한 터전이었고 지금도 그러하다. 그리스도의 죽음과 부활은 단순히 우리가 증거를 모아 해결해야 할 '외부의 사건'이 아니다. 오히려 삶과 예배를 통해 직접 참여하도록 우리를 초대하는 깊은 신비다. 부활 신앙과 예배에 참여하는 사람으로서 그리스도인은 부활한 그리스도께서 자신과 함께하심을 '관찰'하거나 증거로 '입증'하지 않는다. 그는 이를 체험한다.

예배를 통한 체험

그리스도교 전례는 부활이 우리가 '외부에서' 관찰하고 연구함으로써 아는 대상이 아니라 참여함으로써 아는 사건임을, 더 나아가 우리가 주도적으로 알기보다는 부활한 그리스도가 우리를 사로잡음으로써 깨닫게 되는 것임을(필립 3:12)

---

14 다음을 참조하라. D.A.Hagner, Matthew 14~28, *Word Biblical Commentary*, vol. 33b (Dallas: Word Books, 1995), 533. 『마태복음 하』(솔로몬). Craig S.Keener, *A Commentary on the Gospel of Matthew* (Grand Rapids, Mich: Eerdmans, 1999), 455~6.

알려 준다. 그리스도의 부활로 인해 그리스도인들은 모일 수 있게 되었으며, 그렇기에 부활은 그 모임의 중심에 있다. 우리는 예배를 드리는 가운데 그리스도의 생명을 나누며, 그리스도와 그분이 이루신 승리를 함께 깨닫고 체험한다. 그리고 그 영향은 예배 넘어 삶까지 확장된다. 그러한 면에서 예배는 사람들이 부활한 예수를 믿고, 그 믿음을 유지할 수 있게 해 주는 가장 중요한 '자리'다. 신앙은 기도하는 가운데, 살아 있는 예수와 만남으로써 일어난다. 요한 볼프강 폰 괴테 Johann Wolfgang von Goethe는 『파우스트』Faust 1부에서 이러한 진리를 특유의 아이러니한 방식으로 보여 준다. 부활절 아침, 파우스트 박사가 독약을 마시려 할 때, 부활의 기쁨을 알리는 교회 종소리가 울리고 성가대가 부르는 노래, 부활의 메시지를 담긴 노래가 들린다. 그는 부활절이 자신을 다시 삶으로 부른다고 여기고 어린 시절 행복했던 신앙을 다시 한번 느끼며 잠시나마 안식을 얻는다. 괴테가 이를 통해 무엇을 의도했든 간에, 이 대목은 사람들이 성주간의 절정, 부활 전례에서 부활한 그리스도께서 자신들과 함께하신다고 강하게 느낀다는 것을 보여 준다. 성금요일에 교회는 요한복음서의 수난 이야기를 읽거나 노래하고, 다양한 처지에 있는 사람들을 위해 기도하며, 십자가를 경배하며 수많은 사람의 삶, 사실상 이 땅을 살아가는 모든 이의 삶에서 되풀이되는 그리스도의 고난을 묵상한다.[15] 다음날인 성토요일 밤, 교회는 부활 밤 예배를 거행함으로써, 성서 독서, 기도, 찬송(특히 부활 찬송), 상징물(특히 부활초로 쓰이는 커다란 촛불), 성사라는 징표(특히 세례, 견진, 성찬)를 통해 하나의 공동체로서 부활을 증언한다.

많은 교회에서는 사순절이 시작될 때, 혹은 그보다 좀 더 일찍 예비 신자 교리 교육을 통해 그리스도교인이 되기로 한 이들을 준비시킨다. 예비 신자들은 감동적인 예식으로 세례를 받기 위한 긴 과정에 들어선다. 사제는 그들의 이마, 귀, 눈, 입술, 가슴, 어깨에 십자가를 긋는다. 성호를 긋고 기도하는 가운데 사제는 지원자들에게 그리스도의 사랑과 연대의 표현으로서 십자가 표식을 받아들일 것인지 묻는다. 지원자는 남성일 수도, 여성일 수도 있다. 청년일 수도, 중년일 수도, 노년일 수도 있다. 인종, 문화, 배경은 모두 다르다. 그러나 예비 신자들은 두 가지 면에서 그리스도와 공통점을 가지고 있다. 바로 몸을 지닌 존재라는 것, 그리고 고통을 겪는다는 것. 인간의 조건을 이루는 이 두 근본적인 특징을 십자

---

15 다음을 보라. Blaise Pascal, "그리스도는 세상 끝날까지 고통받으신
    다", *Pensée*, 표준판 기준 552번.『팡세』(IVP).

가라는 표징 아래 두고 그들은 세례를 받기 위한 준비 과정을 시작한다.

그리고 부활밤에 예비 신자, 지원자들은 세례, 견진, 첫 영성체를 통해 부활한 그리스도와 그분의 성령이 주는 새로운 신앙과 삶을 선언한다. 예식을 치르는 동안 그들은 작은 초를 들고 커다란 부활초에서 불을 옮겨 받음으로써, 세상의 빛으로 계시는, 살아 있는 그리스도에게 받은 빛과 생명을 표현한다. 두라 유로포스Dura Europos(유프라테스 강 오른쪽 기슭으로, 알레포와 바그다드 중간 지점이다)에는 3세기 그리스도교 교회의 세례당 유적이 있고, 거기에는 별이 뜨는 새벽에 횃불을 들고 예수의 무덤을 찾아가는 세 여인(마르 16:1~2)을 그린 프레스코화가 그려져 있다. 이 벽화는 그리스도인들이 처음부터(로마 6:3~4) 세례(그리고 다른 성사들)와 부활을 연결했음을 증언한다. 이처럼 부활밤 예식은 세례, 견진을 통해, 그리고 성찬을 통해 신자들이 부활이라는 신비에 참여하게 한다.

날마다, 특히 주일마다 거행되는 성찬은 십자가에 못 박히고 부활한 그리스도에 대한 신앙을 극적으로 보여 준다. 이 신앙은 "사도들이 우리에게 전해 준 신앙"(성찬 기도 1양식)의 핵심으로 1세기부터 오늘날까지 전 세계에 있는 그리스도교인들에게 전해져 왔다. 성찬은 부활 신앙을 전례라는 형태로 이어온 방식이다. 수 세기 동안 전례 동작과 함께 해 온 부활에 관한 언어들은 단순히 신자들의 체험을 전하는 '중립적인' 통로가 아닌, 각 시대 신자들에게 새로운 부활 체험을 일으키는 촉매 역할을 했다. 복음서를 읽기 전 "주님 영광 받으소서"라고 말하거나 노래할 때, 신자들은 선포되는 본문에, 그리고 설교 내용에 부활한 예수가 함께 한다고 고백한다. 말씀을 읽고 빵을 나눔으로써, 교회는 부활한 예수 그리스도의 현존을 선포한다.

축성 뒤 성찬기도문들은 구원을 베풀고 생명을 주는 힘으로 현존하는 그리스도, 부활한 그리스도를 체험케 한다. 첫번째 기도문("그리스도는 죽으셨고, 그리스도는 부활하셨고, 그리스도는 다시 오십니다")을 통해 신자들은 부활 신앙의 핵심을 고백하며, 다른 세 기도문을 통해 부활한 주님을 향해 직접 말을 건넨다.

주님께서 죽으심으로 우리의 죽음을 깨뜨리셨고,

주님께서 부활하심으로 우리의 생명이 회복되었나이다.

주 예수여, 영광 가운데 오소서.

주 예수여, 우리는 빵과 잔을 받아먹으며

주님께서 영광 가운데 오실 때까지

주님의 죽음을 선포하나이다.

주여, 십자가와 부활로 우리를 자유케 하셨나이다.

주님은 온 세계의 구원자이시나이다.

부활 신앙을 나누고 성장시키는 길은 부활에 대한 증거들을 분석함으로써가 아닌, 다른 이들과 함께 예배하는 가운데, 부활한 그리스도를 체험함으로써 열린다. 그리스도교인들은 부활과 관련된 자료들을 접함으로써가 아니라 부활하신 그리스도를 끊임없이 체험함으로써 그를 알아 간다. 부활 신앙은 단순히 머리로 하는 활동이 아니다. 부활 신앙은 전례 안에서, 보고, 듣고, 만지고, 맛보고, 냄새 맡는 체험을 통해 살아 움직인다. 더불어 이 신앙은 삶의 실천 속에서도 살아 움직인다. 부활 신앙은 전례와 일상이라는 두 영역 모두에서 그 참됨을 보여 준다.

삶을 통한 체험

부활의 증인들이 전하는 말을 믿고 예수의 부활을 고백하는 사람들의 실제 삶에서 부활 신앙은 어떻게 작동할까? 이제부터는 부활 신앙이 어떻게 자신의 가치를 사람들의 삶에서 입증해 왔는지를 살펴보겠다. 이 신앙은 신자들이 하느님과, 서로와 깊이 연합하도록 이끌었다. 또한 부활 신앙은 인간의 삶에 창조적이고 선한 영향을 끊임없이 미치고 있다.

부활 신앙은 단순히 예수가 죽은 이들 가운데서 다시 살아났다고 주장하지 않는다. 이 신앙은 예수가 성령의 능력으로 지금도 이 세상에서, 특히 그리스도교인들의 삶을 통해 활발하게 활동하고 있다고 선포한다. 우리는 부활한 주님이 영원하고도 강력히 이 땅에 임하심을 거룩한 삶을 통해 분명하게 확인할 수 있다. 수많은 그리스도교인이 개인의 차원에서, 그리고 공동체의 차원에서 교육을 필요로 하는 이들, 환자(특히 한센병 환자와 에이즈 감염자)들, 발달장애인, 난민, 마약 중독자, 수감자, 힘없고 가난한 이들을 헌신적으로 돕고 있다. 이러한 활동은 확인할 수 있고, 가치가 있으며, 때로는 놀라울 정도로 커다란 결실을 본다. 십자가에 못 박히고 부활한 예수의 이름으로, 그의 능력에 의지해 수행하는 활동은 그가 여전히 살아 있음을, 우리와 함께함을 보여 준다. 신앙으로 예수를 아는 이들이 이 세상에서 십자가에 달린 이들을 위해 상황을 개선하고 변화시키며, 절박한 상황에 빠진 이들에게 희망을 가져다줄 때, 예수는 그 움직임 가운데 "나타난다". 혼 소브리노Jon Sobrino+는 『해방자 예수』Christ the Liberator에서 부활한 그리스도는 두 가지 방식으로 현존한다고 말한다. 우선은 비인간화하는 세력의 희생자들을 섬기는 이들을 통해 부활한 그리스도의 능력과 현존이 나타난다. 그리고 (놀랍게도) 그 희생자들이 보여 주는 신앙과 기쁨에도 그리스도는 현존하며, 섬기는 이들은 이를 통해 새로운 희망을 얻는다.[16]

이제 부활한 예수를 신앙으로 아는 이들이 반복해 체험하는 예수와의 만남을 살펴보겠다. 이와 관련해 특별히 주목할 만한 복음서는 요한복음서다. 이 복음서는 과거와 현재라는 두 '지평'을 융합하기 때문이다. 요한복음서는 예수의 세례, 치유 활동, 기적(요한은 이를 '표적'이라고 부른다), 설교, 도움이 필요한 사람들과의 만남, 종교 권력자와의 갈등, 메시아로서 장엄하게 예루살렘에 입성한 일, 제자들과의 마지막 식사, 수난, 죽음, 부활 이야기들을 통해 과거의 실제 사건들을 기록한다. 하지만 동시에 요한은 다른 세 복음서 저자들보다 훨씬 더 분명하게 이러한 과거의 사건들과 신자들 또는 신자가 되는 사람들의 현재 경험이 어떻게 연결되어 있는지를 보

---

16 소브리노는 엘 살바도르를 돕기 위해 방문했던 사람들이 무언가를 '배웠던' 경험을 언급한다. 이와 관련해서는 다음을 참조하라. Jon Sobrino, *Christ the Liberator: A View from the Victims* (Maryknoll, NY: Orbis, 2001), 71~2. 『해방자 예수』(메디치미디어).

여 준다. 그는 과거의 지평과 현재의 지평을 융합해, 부활하고 살아 있는 예수가 고된 우리네 삶의 참된 해석자이자 변화시키는 분임을 이야기한다.

요한은 이를 예수와 여러 문제(인간이라면 흔히 겪는 문제)에 직면한 사람들 사이의 만남을 길게 서술함으로써 보여 준다. 니고데모는 자신의 종교적 의심과 어려움을 예수에게 가지고 온다(요한 3:1~10). 이후 니고데모가 등장하는 장면들을 통해 우리는 그가 예수와의 만남 이후 어떤 성장을 이루는지를 보게 된다(요한 7:50~52; 19:39~42). 요한은 예수와 한 사마리아 여인의 우물가 만남에 대해서도 이야기한다(이 이야기는 니고데모 이야기보다 좀 더 길다). 여인은 다섯 남편이 있었고 현재는 자신의 남편이 아닌 사람과 살고 있었다(요한 4:7~42). 예수는 섬세하게 그녀와 대화를 나누고, 겨우 몇 시간 만에 그녀는 근본적으로 변화되어, 어떤 면에서 예수를 알리는 최초의 선교사가 된다.

그다음 만남은 병에 걸린 아이, 그로 인해 끔찍한 고통에 시달리는 아버지와 예수의 만남이다(요한 4:46~53). 예수는 아이의 병을 고쳐 주었는데, 그 치유가 끼친 영향력은 그보다 훨씬 더 컸다. 회복된 아들의 아버지는 처음에 "왕의 신하"로 등장한다(요한 4:46, 49). 그러다가 "그" 혹은 "사람"으로 불리고(요한 4:51), 이야기의 끝에서는 "아버지"로 불린다(요한 4:53). 이야기가 시작될 때만 해도 그는 공적 삶의 정체성이 부각되는 방식으로, 즉 국가 기능을 담당하는 관리로 등장했다. 그랬던 "그"가 예수의 말을 믿는 "사람"이 된다. 예수를 만나면서 사람들 앞에서 썼던 공적 가면이 벗겨진다. 이제 그는 주님을 마주한 한 인간일 따름이다. 그리고 그는 가장 중요한, 궁극적인 면에서 유일하게 중요한 선물을 받는다.

그는 예수께서 자기에게 하신 말씀을 믿었다. (요한 4:50)

그런 다음 요한은 그를 "아버지"라고 부른다. 새로운 신앙은 그의 인간성을 축소하지 않고 오히려 강화했다. 그는 더는 "왕의 신하"가 아니다. 이제 그는 가족에게 돌아가 건강하게 회복된 아들을 만날 "아버지"다. 그렇게 "온 집안"이 예수를 믿게 된다(요한 4:53). 신앙은 개인을 고립시키지 않으며 퍼져 나가 공동체를 세운다. 평범한 가정이 이제 신앙의 가정이 된다.

그다음 요한복음서에는 38년 동안 장애를 갖고 살아온, 치료가 불가능하여 무기력하게 살던 절름발이가 등장한다 (요한 5:1~18). 그는 니고데모와 왕의 신하처럼 자기 힘으로 움직이거나 예수를 찾을 수 없다. 예수는 수많은 병자 중에서(4절) 가장 곤궁한 사람을 택하여 희망을 주고자 하며, 자신의 무력함을 깨닫게 한 뒤에 그를 고쳐 준다.

> 일어나서 네 자리를 걷어 가지고 걸어가거라. (요한 5:8)

이야기는 여기서 끝나지 않는다. 절름발이는 아직 온전히 치유되지 않았다. 요한이 미묘하게 표현했듯 그는 "자기를 고쳐 주신 분이 누구인지를 알지 못"했다(요한 5:13). 진실로 예수를 알지 못한다면, 그는 참된 치유를, 즉 구원을 얻지 못한다. 예수가 온전한 치유를 위해 다시 그에게 찾아간다. 그리고 선포한다.

> 보아라. 네가 말끔히 나았다. 다시는 죄를 짓지 말아라. 그리하여 더 나쁜 일이 너에게 생기지 않도록 하여라. (요한 5:14)

그러나 그는 사마리아 여인처럼 자신의 죄를 깨닫고 신앙으로 예수를 알게 되어 그 신앙을 전하는 대신, 의도치 않게 첫 번째 배신자가 되어 유다를 예시하는 인물이 된다. 그는 안식일에 치유 사건이 일어났다는 사실에 분개한 이들에게 가서 나자렛 예수가 자신을 치유했다고 알리고(요한 5:18), 이는 예수를 죽이려는 사람들의 마음에 일종의 촉매가 된다. 여기서 처음으로 요한복음서는 예수를 죽이려는 살인 계획을 분명하게 언급한다. 이 섬뜩한 소식은 사랑에서 비롯된 예수의 행동이 병자의 몸은 치유했지만, 병자가 마음을 돌이키지는 못한 데서 비롯된 결과였다. 예수를 만나고 심지어 그 만남을 통해 치유가 일어나더라도 그 일로 인해 치유받은 이의 삶이 변화되는 것은 아니다.

이후에도 요한복음서는 예수가 누군가를 만나 그가 처한 상황을 해석하고 변화시키는 이야기에 상당한 분량을 할애한다. 날 때부터 소경이었던 사람의 이야기(요한 9:1~41), 라자로가 죽었을 때 마르다와 마리아의 이야기(요한 11:1~44), 예수가 죽고 부활했을 당시 막달라 마리아의 이야기(요한 19:25, 20:1~2, 11:18), 예수를 부인하는 베드로의 이야기(요한 18:15~18, 25~27, 20:3~10, 21:15~19), 예수의 부활에 무례하게 의문을 제기한 도마의 이야기(요한 20:24~29). 요한은 이 이야기들을 통해 인간이 살면서 손쉽게 겪는 갈등과 고통(종교에 대한 의심(니고데모와 도마), 결혼생활의 파탄(사마리아 여인), 가족의 병(왕의 신하), 영구적인 장애(38년 된 절름발이), 실명(날 때부터 소경이었던 사람), 가족의 죽음(마르다와 마리아), 정말로 사랑했던 사람의 상실(막달라 마리아), 끔찍한 실패(시몬 베드로))가 무엇인지 보여 준다. 그리고 이 모든 이야기에서 예수는 그 상황의 의미를 해석하고, 상황을 극적으로 변화시킨다. 이 모든 이야기를 통해 요한은 말한다. '십자가에 못 박히고 부활하신 예수 그리스도께서는 우리가 겪는 문제들을 이해하도록 돕고 우리의 상황을 변화시키기 위해, 우리 가운데 살아계신다. 우리가 어떠한 곤경을 겪고 있든, 어떠한 고통을 느끼든 그분은 이를 해석해 주시며 변혁을 일으키신다.'

이처럼 신자들은 삶의 모든 체험 속에서 부활하신 예수 그리스도의 활동을 발견한다. 그들은 그분이 자신이 직면한 모든 상황을 해석하고 변화시키기 위해 강력하게 현존하심을 믿는다. 그리고 삶이 변화될 때 이를 예수 그리스도께서 자신들과 함께하신다는 증거로 받아들이며, 이를 통해 그들의 부활 신앙은 더 깊어진다.

성령을 통한 체험

바울이 했던 말(1고린 12:3)을 빌리면, "성령을 힘입지 않고서는 아무도 예수가 부활했다고 말할 수 없"다. 성령은 부활한 그리스도에 대한 신앙을 형성하며 "예수께서 부활하셨고,

그분이 우리의 주님이십니다"라는 고백의 토대가 된다.

이 고백에는 나름의 배경이 있다. 성령이 그리스도의 부활을 단 한 번에 이루었듯(로마 8:11), 지금도 같은 성령이 부활한 그리스도를 믿게 하고, 현존하게 하며, 체험할 수 있게 한다. 성령은 우리 내면에 증언함으로써 우리를 열어젖혀 우리가 "밖에" 있는 부활의 증인들이 전하는 증언을 받아들이게 하고, 우리와 함께하는 그리스도를 깨닫게 한다.[17] 즉 성령은 예수 그리스도가 지금도 우리와 함께하므로, 죽은 자가운데서 부활한 것이 틀림없음을 확증한다. 이렇게 과거의 사건(부활)은 우리의 현재 체험을 해석할 수 있는 바탕이자, 미래에 대한 희망의 근거가 된다.

그리스도교 신자에게는 이 모든 것이 하나로 연결된다. 성령을 통해 부활한 그리스도를 계속해서 체험하면서, 그들 안에서는 예배와 삶을 바라보는 일관되고 의미 있는 참된 관점이 생겨난다. 이 장을 시작하며 인용한 토마스 아퀴나스의 말을 적용하자면, 각각의 체험만으로는 살아 있는 그리스도의 현존을 "온전히 보여 줄 수" 없다. 그러나 모든 체험을 "한데 모으면" 살아 있는 그리스도를 충분히 입증할 수 있다.

---

17   다음을 참조하라. Peter Carnley, *The Structure of Resurrection Belief* (Oxford: Clarendon Press, 1987), 특히 266~368.

나는 부활 신앙과 함께 성장한 사람으로서 이 장을 썼다. 로마 가톨릭 교회의 신앙고백 중 일부 고백에서 때때로 어려움을 겪기도 했지만, 부활한 그리스도에 대한 믿음은 언제나 복잡다단한 삶과 고통 가운데서도 삶의 의미를 길어 올려 주었다. 이 장에서 나는 '내부자의 관점'에서 부활 체험을 어떻게 이해하는지를 보여 주고자 했다.

물론 나는 종교 체험을 진리를 찾는 길잡이로 삼는 것에 의문을 제기하는 사람들이 있음을 잘 알고 있다.[18] 특히 '부활한 그리스도가 지금도 교회와 세상에 강력하게 현존한다'는 주장을 의심하는 이들이 있다. 그러한 의심이 그리 놀라운 일은 아니다. 하지만 그럼에도 나는 이런 설명이 필요하다고 본다. 나를 포함한 다른 그리스도교인들이 어떻게 부활에 대한 증언을 받아들이게 되었는지, 그리고 이를 통해 부활 신앙이 어떻게 형성되고 발전해 왔는지를 보여 주는 것은 충분히 의미 있는 일이라 생각한다.

---

18 다음을 참조하라. Caroline Franks Davis, *The Evidential Force of Religious Experience* (Oxford: Oxford University Press, 1989).

IV

예수의 빈 무덤 — 역사와 신학

그리스도가 죽은 자 가운데서 부활하지 않았다면, 다른
이들과 마찬가지로 무덤에 묻혀 흙으로 돌아갔을 것이다.
그가 죽었고, 완전히 부패했다면, 그렇다면 그는 단지 다
른 이들과 다를 바 없는 교사에 불과하며 더는 우리에게
도움을 줄 수 없다. 그러면 우리는 다시 한번 고아가 되어
이 세상에 홀로 남게 된다.

— 루트비히 비트겐슈타인Ludwig Wittgenstein

예수의 부활을 이야기할 때 명시적으로 언급하지 않았
더라도 빈 무덤은 바울의 이야기에 포함되어 있다. 그
는 예수의 몸이 더는 무덤에 있지 않다는 사실을 전제하
고 있다.

— 볼프하르트 판넨베르크

마르코복음서 16장 1~8절을 비롯하여 네 복음서는 모두 (훗날 첫 번째 부활절이라고 불린) "한 주의 첫날" 막달라 마리아가 예수의 빈 무덤을 발견했다고 말한다. 물론 복음서 간에는 미세한 차이가 있다. 요한복음서에서는 마리아 홀로, 마태오복음서에서는 다른 여인과, 마르코복음서와 루가복음서에서는 더 많은 여인과 함께 발견했다고 전한다.[1] 신약성서에 등장하는 이 증언은 여러 가지 질문을 불러일으킨다.

먼저, 빈 무덤 이야기는 역사적으로 믿을 만한 것이며, 실제로 일어난 사건에 바탕을 두고 있는 것인가? 아니면, 이미 존재했던 부활한 예수에 대한 신앙을 설명하기 위해 만든 허구의 각본인가? 후자의 경우, 빈 무덤 이야기는 부활 신앙의 결과물일 뿐, 예수가 죽음에서 부활했음을 입증하는 역사적 증거는 아닐 것이다. 첫 부활절 아침 여인들이 빈 무덤을 발견했다는 이야기가 역사적 근거가 없다면, 이 이야기는 마르코가 스스로 창작한 것인가?[2] 아니면 더 초기의 자료에서 유

---

1 엄밀히 보면 요한복음서 역시 마리아 혼자서 발견했다고 말하지는 않는다. "우리가 알지 못했다"(요한 20:2)는 표현에서 "우리"라는 말을 미루어 볼 때, 본문에는 막달라 마리아만 등장하지만, 실제로는 혼자가 아니었음을 알 수 있다.

2 다음을 참조하라. Adela Yarbro Collins, *The Beginnings of the Gospel. Probings of Mark in Context* (Minneapolis: Fortress Press, 1992), 134~8.

래한 이야기일까? 그리고 이 초기 자료 역시 역사적 사건이 아니라 단순히 초기 그리스도교의 부활 선포(1고린 15:3~5 참조)를 생생하게 묘사하기 위한 도구에 불과할까?[3] 어려운 문제다. 대다수 학자는 마르코가 수난과 부활 서사를 쓸 때 그 이전부터 존재했던 기록, 혹은 구전 자료를 활용했다는 점에는 동의하지만, 그 자료의 구체적인 내용과 형태를 재구성하는 작업은 매우 불확실하며 학계의 광범위한 합의를 끌어내지 못하고 있다. 루돌프 페쉬Rudolf Pesch[+]는 마르코복음서에 나오는 부활에 대한 간략한 기록이 기존 자료를 활용했음을 지적한 대표적인 학자이며 다수의 학자가 이를 인정한다. 하지만 그와는 달리 여인들의 무덤 방문 전승 뒤에는 실제로 일어난 사건이 있다고 보는 학자들도 많다.

빈 무덤 이야기의 역사적 기원에 대해 어떤 입장을 갖고 있느냐에 따라 또 다른 신학적 질문들이 제기될 수 있다. 예수는 영광 속에 살아 있지만, 그의 시신은 무덤에서 자연스럽게 부패했다고 생각한다면, 이는 부활한 예수에 대한 우리의 신앙에 어떤 영향을 미칠까? 그리고 그 신앙은 어떤 방식으로 우리에게 영향을 미치는가? 세계 곳곳에는 이런 낙서

---

3 다음을 참조하라. Rudolf Pesch, *Das Markusevangelium*, vol. 2 (Freiburg: Herder, 1977), 519~28.

가 있다.

> 올해는 부활절이 없을 것이다. 예수의 시신이 발견되었기
> 때문이다.

이 낙서는 예수의 시신이 실제로 발견되면 많은 사람의 신앙
이 붕괴될 것이라는 생각을 암시한다. 이를테면, 이 장을 시
작하며 언급한 비트겐슈타인이 그런 소식을 들었다면 부활
신앙을 거부했을 것이다.[4] 그러나, 반대로 부활 신앙이 예수
의 시신이 사라지고, 그와 인격상 연속성을 지닌 영광스러운
존재가 신비롭게 나타났다는 주장을 받아들인다면, 이러한
이해는 우리의 부활 신앙을 어떻게 형성할까? 그리고 이는
하느님, 예수, 그리고 우리의 궁극적 운명에 관해 계시된 내
용에 어떤 의미를 지닐까?

역사의 기초

마르코 스스로 마르코복음서 16장 1~8절에 나오는 빈 무
덤 이야기를 만들어 냈다는 주장은 설득력이 없다. 2차 세계

---

4 4장 처음에 인용한 비트겐슈타인의 1937년 발언을 참조하라. Ludwig
   Wittgenstein, *Culture and Value* (Oxford: Basil Blackwell, 1980), 33c.

대전 이후 학자들은 연구를 통해 마르코복음서에 담긴 신학적 통찰을 밝혀냈지만, 문학의 측면에서는 마르코가 특별히 창의적인 저자로 보이지는 않는다.[5] 따라서 그가 예수의 부활이라는 가장 중요한 사건에 관한 전체 이야기를 완전히 새롭게 창작했으리라고 보기는 어렵다. 게다가, 마르코복음서가 허구의 이야기로 마무리된다고 주장하는 이들은 마태오와 루가를 지나치게 순진한 사람으로 보고 있다. 대다수 학자는 마태오와 루가가 부활 이야기를 작성할 때 마르코복음서 16장 1~8절을 주요 자료로 활용했다고 본다. 마태오와 루가는 마르코복음서 이야기의 주요 골자를 기본적으로 사실에 바탕을 둔 기록으로 여기고 이를 자신들의 복음서에서 반

---

5 프랜시스 J. 몰로니Francis J.Moloney는 (아브로 콜린스에 반대하여) 마르코가 먼저 존재하는 전승을 가지고 빈 무덤 서사를 만들었다는 데는 동의한다. 대신 그는 마르코가 여인들이 예수의 빈 무덤을 발견하고, 남자 제자들이 부활의 메시지를 선포하는 기존 전승을 "전복했다"고, 즉 의도를 가지고 변화시켰다고 주장한다. 남자와 여자 제자 모두 실패했음을 보여 주고자 하는 신학적 의도를 따라 전승을 변화시켜 두려움에 빠진 여인들이 도망치고, 침묵하며 순종하지 않았다고 기록했다는 것이다. 이와 관련해서는 다음을 참조하라 Francis J. Moloney, *The Gospel of Mark: A Commentary* (Peabody, Mass.: Hendrickson, 2002), 344. 몰로니와 그보다 앞선 이들이 주장했던 "완전한 실패"에 대한 주장은 잠시 후에 살펴볼 것이다. 이에 대한 내 해석은 다음을 참조하라. Gerald O'Collins, *Interpreting the Resurrection: Examining the Major Problems in the Stories of Jesus' Resurrection* (New York: Paulist Press, 1988), 53~67, 80~83.

복했다. 그들이 마르코의 의도를 오해했을까? 현대 학자들이 두 복음서 저자보다 주요 자료의 성격을 더 정확하게 평가할 수 있을까? 야브로 콜린스의 경우에는 위대한 인물이 하늘로 올라가는 그리스-로마 사상을 가지고 마르코복음서의 부활 이야기를 '설명'하려 했다. 그녀는 마르코가 이 사상을 바탕으로 예수의 시신이 무덤에서 사라진 이야기를 창조해 냈다고 주장한다. 이렇게 보기 어려운 이유에 대해서는 앞서 2장에서 논의한 바 있다. 많은 학자는 그리스-로마 사상을 중심으로 마르코복음서를 해석하는 것에 깊은 의구심을 보인다. 이를테면, 폴 대노브Paul Danove는 문학과 수사학의 관점으로 마르코복음서를 연구하면서 그리스-로마 사상에 영향을 받았다 할 만한 근거를 거의, 혹은 전혀 발견하지 못했다.[6]

페쉬의 견해는 어떠한가? 그는 마르코가 마르코복음서 16장을 기록하면서 여인들이 예수의 빈 무덤을 발견했다는 전승을 활용했지만, 이 전승은 실제 역사적 사건에 근거한 것이 아니라 (1고린 15:3~8에서 볼 수 있듯) 초기 그리스도인들이 부활을 선포하기 위해 사용한 도구였다고 주장한다. 이러

---

6   Paul Danove, *The End of Mark's Story: A Methodological Study* (Leiden: E. J. Brill, 1993).

한 주장은 마르코복음서 16장 1~8절과 그로부터 이어지는 빈 무덤 이야기의 바탕을 이루고 있는 전승이 예수의 무덤에 관한 어떠한 실제 정보도 담고 있지 않다고 본다. 하지만, 마르코복음서 16장과 그 바탕이 되는 전승이 단지 상상력을 가지고 고린토인들에게 보낸 첫째 편지 15장 3~8절의 내용을 섬세하게 표현한 것이라 볼 수 있을까? 2장에서 보았듯, 빈 무덤 이야기 전승과 부활 현현에 대한 선포의 전승을 자세히 비교해 보면 서로 별개의 기원을 갖고 있다는 것을 알 수 있다.

따라서 우리는 예수의 부활과 현현과 관련해 바울이 언급한 메시지와 별개로 존재하는, 마르코가 사용했던 초기 전승이 있었다는 결론을 내릴 수 있다. 이 전승은 몇몇 여인이 첫 번째 부활절에 예수의 무덤이 비어 있음을 발견했다고 전한다. 물론, 이러한 결론이 빈 무덤이 실제 사건에서 비롯되었다는 뜻은 아니다. 야브로 콜린스와 페쉬 외에도 많은 학자가 이 전승이 역사적 근거가 없다고 주장하며 이에 관한 나름의 '설명'을 제시한다. 이 주장들 중 다수는 설득력이 떨어지고 심지어는 기괴한 주장도 있다.[7] 나는 마르코복음서 16

---

7   나의 책을 참조하라. Gerald O'Collins, *Jesus Risen* (London: Darton, Longman and Todd, 1987), 124~5.

장 1~8절의 배경에 초기 그리스도교의 부활 선포의 배경이 되는 전승과는 다른 전승이 있으며, 빈 무덤이 가진 역사성에 반대하는 가설 중 진지하게 고려할 만한 가설은 단 하나뿐이라고 생각한다. 바로 1세기 유대인들의 부활 신앙에 근거한 가설이다.

부활을 믿었던 1세기 유대인들은 (다양한 차이에도 불구하고) 죽은 이들의 부활이 반드시 무덤 속 육신과 관련이 있다고 생각했다. 이러한 부활 관념은 예수의 무덤이 비어 있지 않았고 시신이 부패했다는 것을 인정하면서도 예수의 부활을 받아들이는 것과 양립할 수 없다. 그렇기 때문에 이 가설을 지지하는 이들은 마르코 이전의 그리스도인들이 저 부활 관념에 기대어 "한 주의 첫날"에 예수의 빈 무덤을 발견한 세 여인의 이야기를 허구로 만들어 냈다고 주장한다. 이들이 보기에 이 그리스도인들은 아래와 같은 특징을 보인다.

(1) 예수 개인의 부활을 받아들인다.

(2) 다만, 무덤에 묻힌 예수의 육신이 그 부활에 관여하지는 않았다고 보았다.

(3) 동시에 그들은 무덤에 묻힌 예수의 육신이 부활에 관여하지 않았다면, 다른 사람들, 특히 유대인들이 예수의 부

활을 선포하더라도 이를 받아들이지 않을 것임을 알고
있었다.

(4) 그래서, 그들은 빈 무덤을 발견한 세 여인 이야기를 의
도적으로 만들어 냈다.

이 가설에 따르면, 초기 그리스도인들은 (페쉬와 같은 이들의 주
장처럼) 단순히 부활 메시지를 설명하기 위해서가 아니라, 신
학적인 필요 때문에 이 허구의 이야기를 만들어 냈다.

이 가설에는 몇 가지 반론을 제기할 수 있다. 우선 1세기
유대교, 특히 팔레스타인 유대교에서 (1), (2) 모두를 믿었다
는 증거가 없다. 일부 현대 학자의 추정과 별개로 1세기 유
대인과 그리스도인들이 이를 모두 믿었다는 증거는 발견된
적이 없다. 그들은 "빈 무덤이 없으면 부활도 없다"고 생각
했다.[8] 또한, 유대인들이 무덤에 묻힌 시신이 부활하지 않는
한 예수가 부활했다는 선포를 받아들이지 않을 것을 알고 있
었다면(3), 어떻게 팔레스타인에 살고 있던 초기 그리스도인

---

8 다음을 참조하라. Günter Stemberger, *Der Leib der Auferstehung: Studien
zur Anthropologie und Eschatologie des palaestinischen Judentums im neutestamentlichen
Zeitalter* (Rome: Biblical Institute Press, 1972). Gerald O'Collins, 'The
Resurrection: The State of the Questions', *The Resurrection* (Oxford: Oxford
University Press, 1997), 5~28, 특히 20.

들이 빈 무덤을 발견한 여인들의 이야기를 만들 수 있으며, 그 이야기가 널리 퍼질 수 있었을까? 적어도 예루살렘과 그 주변 지역에서 그런 이야기는 통하지 않고 거짓으로 치부되었을 것이다. 2장에서 이미 언급했던 내용을 이 논의에 적용할 필요가 있다. 누군가가 부활에 대한 선포를 납득할 만한 것으로 만들기 위해 1세기 유대교에서 중요하게 생각하는 요소(빈 무덤)를 집어넣고, 신학적으로 예수의 빈 무덤에 대한 이야기를 만들어 냈다면, 세 여인이 빈 무덤을 발견했다고 주장하는 것은 역효과만 낳았을 것이다. 법상 여성의 증언을 유효하게 여기지 않았던 문화에서, 그들이 진실로 자신들의 주장을 관철하려 했다면 여인들이 아닌 남자 제자들이 빈 무덤을 발견했다고 주장했을 것이다. 전설을 만들어 내는 사람들은 자신들의 주장에 불리한 내용을 의도적으로 만들지 않는다.

마태오복음서의 수난과 부활 서사는 빈 무덤에 대한 역사적 증거를 제시한다(마르코복음서에서 볼 수 없는 독특한 내용이다). 바로, 예수의 무덤에 경비병이 있었다는 것(마태 27:62~66)과 그들 중 몇몇이 부활 사건을 보고하고 뇌물을 받았다는 것(마태 28:11~14)이다. 마태오에 따르면 일부 군인들은 뇌물을 받고 예수의 제자들이 한밤중에 그의 시신을 훔쳐 갔다고 말했다. 마태오는 이렇게 덧붙인다.

이 말이 오늘날까지 유대인들 사이에 널리 퍼져 있다. (마태 28:15)

이 구절은 마태오가 복음서를 기록한 시기(기원후 80년경), 그리스도인과 유대인 사이에 예수의 무덤을 두고 논쟁이 있었음을 암시한다. 그리고 이 암시에 따르면, 양측 모두 예수의 무덤이 비어 있었다는 사실 자체는 인정하고 있었다. 다만 해석의 방향이 달랐을 뿐이다. 그러한 맥락에서 마태오복음서의 경비병 이야기는 중요한 질문을 남긴다. 기원후 80년경 예수 시신의 향방을 둘러싸고 그리스도인과 유대인이 논쟁했음을 고려한다면, 과연 당시에 예수의 시신이 여전히 무덤에 있었고, 사람들도 그렇게 알고 있었다는 주장이 가능할까?[9]

여러 사안을 고려해 보았을 때, 빈 무덤 발견에 관한 마르코의 (그리고 이후 마태오와 루가가 받아들인) 전승과 조금 다른 방식으로 막달라 마리아에게 주목하는 요한의 전승(요한 20:1~2,

---

9 다음을 참조하라. Francis J. Moloney, *The Gospel of Mark*, 344. Gerald O'Collins, *Jesus Risen*, 126.

11~18)에 어떤 역사적 사건이 그 핵심에 있음을, 달리 말하면 마르코와 마르코의 기록은 실제 역사적 사건에 기초하고 있음을 인정할 수 있다. 그렇다면, 신학의 관점에서 빈 무덤은 어떤 의미를 지닐까? (1) 빈 무덤 이야기는 부활 신앙을 형성하는 하느님에 관해 무엇을 말하는가? (2) 빈 무덤 이야기는 십자가에 달리고 부활한 예수를 통해 실현된 인간 및 세계의 구원과 관련해 어떤 의미를 지니는가? 이 질문들은 반드시 다루어야 한다. 일부 사람들이 빈 무덤 전승을 어려워하는 이유는 그 사건이 실제로 일어났는지 의문이 들어서가 아니라 그 사건이 어떠한 의미를 지니는지 잘 모르기 때문이다.

빈 무덤의 신학적 의미

여기서는 빈 무덤 이야기와 관련된 하느님의 자기 계시에 관한 몇 가지 요점을 제시해 보겠다. 그다음에는 빈 무덤이 구원과 관련해 어떤 의미가 있는지를 간략하게 설명해 보겠다. 두 논의 모두 가장 오래된 기록인 마르코복음서 16장 1~8절에 초점을 맞추어 진행할 것이다.

하느님의 자기 계시

얼핏 보기에 마르코복음서를 끝맺는 여덟 구절은 하느님

의 자기 계시에 대해 어떠한 신학도 보여 주지 못하는 것 같다. 그러나 이 간결한 구절들은 신학적 의미를 풍부하게 담고 있다. 이 구절들은 하느님의 자기 계시를 일관되게 형성하는 두 가지 요소(사건과 말씀)를 잘 보여 준다. 마르코복음서의 빈 무덤 이야기에서 여인이 도착하기 전에 전체 상황을 변화시킨 하느님의 행위가 사건에 해당한다고 할 수 있으며, 천사의 선포가 말씀에 해당한다고 할 수 있다. 제2차 바티칸 공의회에서 이야기하듯, 하느님의 계시는 일종의 성사처럼, 눈에 보이는 사건(하느님의 활동)과 그 의미를 설명하는 말씀이 상호작용함으로써 드러난다.[10] 또한, 이 이야기에서는 어둠과 빛, 부재와 현존, 침묵과 말씀이 대조를 이룬다. 마르코는 이러한 대비를 통해 이야기를 좀 더 생생하게 만든다.

먼저, 마르코복음서는 (토요일과 부활이 일어난 일요일 사이) 밤에 찾아온 어둠뿐만 아니라 십자가형 때 땅을 덮은 어둠(마르 15:33)을 여인들이 무덤을 방문하던 때 떠오르던 태양의 빛(마르 16:2)과 대조시킨다. 날이 밝아 오는 가운데 세 여인은 무덤으로 향한다. 그들이 전혀 상상하지 못한 무언가가 곧 드

---

10 다음을 참조하라. *The Constitution on Divine Revelation(Dei Verbum)* of November 1965, nos. 2, 4, 14, 17. Gerald O'Collins, *Retrieving Fundamental Theology* (Mahwah, NJ: Paulist Press, 1993), 54.

러나려 하고 있다. 바로 하느님께서 어둠과 죽음을 결정적으로 이기셨다는 사실이다.

여인들이 "눈을 들어서 보니" 향유를 바르려던 예수의 시신이 있는 무덤을 가로막고 있던 커다란 돌이 "굴려져 있었다"(마르 16:4). 이는 앞으로 드러날 일을 암시한다. 주의 깊게 읽은 독자는 이 수동형 표현을 통해 하느님이 인간이 할 수 없는 일, 무덤을 열고 죽은 이를 새로운 생명으로 일으키는 활동을 하셨음을 알게 된다. 여인들은 하느님께서 하신 일, 죽음이라는 상황을 역전시키고, 희생당한 예수를 복권시킨 일을 보았다. 아직 그 의미를 온전히 이해하지 못한 상태에서, 그들은 부활을 통해 드러난 하느님의 활동을 처음으로 마주했다.

여인들이 무덤에 들어가는 순간 예수의 시신은 없고, "흰 옷"을 입은 "젊은 남자"가 예수가 살아났다는 소식을 전한다. 여기서 부재와 현존의 대조가 드러난다.

그다음 천상의 존재가 확신을 가지고 전하는 말("그는 살아나셨소. 그는 여기에 계시지 않소. 보시오, 그를 안장했던 곳이오")과 두려움에 잠긴 채 무덤에서 도망친 여인들의 침묵이 대조를 이룬다. 여기서 천사는 메시지를 세 부분으로 나누어 전달함으로써 그 힘을 강화한다. 먼저 그는 모든 사람과 관련된, 영원히 우주를 변화시킨 위대한 진리를 선포한다("그는 살아나셨소"). 그다음 천사는 여인들에게 말을 전하는 특정 장소로 이야기의 초점을 옮긴다("그는 여기에 계시지 않소"). 마지막으로, 그는 예수의 시신이 놓여 있던 무덤 속 특정 지점을 가리킨다("보시오, 그를 안장했던 곳이오"). 말하는 천사와 침묵 가운데 도주하는 여인들은 모두 이 극적이고 신비로운 계시의 순간을 강조한다. 이를 좀 더 자세히 살펴보자.

무덤에 들어갔을 때 세 여인은 예수의 시신 대신 오른편에 앉아 있는 흰옷을 입은 "젊은 남자"를 발견한다(마르 16:5). 그가 입은 빛나는 옷은 전통적으로 천상의 사자들이 입는 옷이다. 구약성서에서 심판을 내리기 위해 앉아 있는 인물들처럼, 천사는 여인들을 맞이하기 위해 일어서지 않고 권위 있게, 앉아 있는 채로 예상치 못한 메시지를 전한다. 그리고 그를 보고 여인들은 "몹시 놀랐다"(마르 16:5). 이러한 반응은 보통 성서에서 하느님의 현현을 마주할 때 나오는 반응과 같다. 천사는 놀란 여인들에게 위로의 말("놀라지 마시오")을 전하고, 부활을 선포("그는 살아나셨소")한 뒤 중요한 임무를 맡긴다.

그대들은 가서, 그의 제자들과 베드로에게 말하기를 그는 그들보다 먼저 갈릴리로 가실 것이니, 그가 그들에게 말씀하신 대로, 그들은 거기에서 그를 볼 것이라고 하시오. (마르 16:7)

하지만 여인들은 "무덤에서 도망하였다. 그들은 벌벌 떨며 넋을 잃었던 것이다. 그들은 무서워서, 아무에게도 아무 말도 못하였다"(마르 16:8). 어떤 성서학자들은 세 여인이 침묵한 채 도망친 것을 두고 사명을 따르지 못하고 실패한 것으로 해석하기도 한다. 먼저는 예수의 남자 제자들이 실패했고, 이제는 여자들 역시 실패한 것으로 본 것이다. 이 관점에서 그들은 천사에게 받은 임무를 수행하지 못하고 무너졌으며, 마르코복음서는 모든 인간의 실패와 붕괴로 마무리된다.

그러나 이러한 해석이 정말 마르코복음서의 서사에 부합하는 것일까? 이는 하느님의 계시와 관련해 중요한 무언가를 놓치고 있는 것은 아닐까? 마르코복음서 6~15장에 기록된 남자 제자들의 행적과 14~16장에 기록된 여인들의 행적의 차이를 간과하고 있는 것은 아닐까? 예수의 남자 제자들이 마르코복음서 6장 52절을 기점으로 내리막길을 걷는다는 것은 분명하다. 여기서 마르코는 제자들이 예수가 5,000명을 먹인 일을 이해하지 못했고, 마음이 "무뎌져 있었다"고 말한다. 이는 예수가 제자들의 이해와 믿음의 부족을 꾸짖는 데까지 이어진다(마르 8:14~21). 얼마 지나지 않아 그는 자신에게 닥칠 고난의 운명을 거부하는 베드로를 향해 사탄의 유혹을 대변하고 있다며 날카롭게 꾸짖는다("사탄아! 물러가라!"(마르 8:31~33)). 이후 야고보, 요한을 비롯한 나머지 남자 제자들도 아둔한 모습을 보인다(마르 9:32, 10:35~40). 유다는 예수를 대적자들의 손에 넘겨 버린다. 다른 제자들은 스승이 겟세마네 동산에서 체포되는 것을 보자마자 도망가 버린다(마르 14:50). 베드로는 예수가 심문받는 동안 몰래 대제사장 안뜰로 돌아온다. 그러나 사람들의 추궁을 받자, 두 번이나 자신이 예수의 추종자임을 부정하고, 결국에는 예수를 전혀 알지 못한다고 맹세한다(마르 14:66~72). 예수가 십자가에 매달렸을 때 남자 제자 중 누구도 그 자리에 함께하지 않았으며, 예수의 엄숙한 매장을 치른 사람은 제자가 아닌 경건한 아리마태아 사람 요셉이었다(마르 15:42~47). 예수의 남자 제자들, 특히 열두 제자 중 핵심 인물들은 거듭 실패한다. 이러한 실패는 마르코복음서 6장 52절부터 시작해 수난 이야기에서 절정을 이룬다.

그러는 가운데 마르코복음서에 여인들이 등장한다(마르 14:3~9, 15:40~41, 47). 이들은 남자 제자들이 해내야 했음에도 실패했던 일을 충실히 수행한다. 끝까지 예수와 동행하며, 매장을 치를 때 맡은 역할을 감당할 준비를 한다. 그들은 예수가 살아있을 때도 그를 따르고 섬겼으며, 죽음을 맞이한 후에도 끝까지 그에게 충실했다(마르 15:41). 그렇다면, 천사가 전한 메시지에 두려워하고 침묵하는 여인들의 모습은 그들의 갑작스러운, 예기치 못한 실패를 보여 주는 것일까? 이토록 암울한 해석을 지지하는 사람은 마르코복음서를 다시 읽어 보기를 바란다. 복음서의 처음(마르 1:22, 27)부터 사람들은 예수가 행하고 드러내는 것을 볼 때마다 거듭 놀라움, 침묵, 두려움, 심지어 경악스러운 공포에 휩싸인 반응을 보였다(이를테면 마르 4:40~41; 6:50~51). 예수의 가르침과 기적은 하느님께서 우리 가운데 오시는 일이 얼마나 경이롭고 떨리는 일인지를 보여 준다.

티모시 드와이어Timothy Dwyer의 상세한 연구는 마르코복음서에서 "경이로움"wonder이 얼마나 중요하게 쓰이는지를 보여 준다. 그에 따르면 마르코복음서가 "경이로움"을 언급하는 횟수는 최소 32회에 달한다.[11] "경이로움"은 예수의 가르침, 기적, 죽음과 부활을 통해 드러나는 하느님의 놀라운

---

11 Timothy Dwyer, *The Motif of Wonder in the Gospel of Mark* (Sheffield: Sheffield Academic Press, 1996).

임재와 권능에 인간이 보일 수 있는 가장 적절한 반응이며, 여기엔 "당혹스러움, 두려움, 공포, 놀라움을 표현하는 모든 서사 요소"가 포함된다. 드와이어는 마르코복음서 전반부에 대한 탐구를 바탕으로 마르코복음서 16장 8절에 나오는 핵심 단어 세 가지, 즉 도망, 두려움, 침묵이 언제나 부정적인 의미만 갖지 않는다고 주장한다. "도망치는 것"은 "초자연적인 존재를 마주했을 때 나오는 자연스러운 반응"으로 불완전하거나 신앙과 모순되는 것이 아니다. 드와이어는 마르코복음서 16장 8절에서 떨리고, 당혹해하며, 두려워하는 반응이 "복음서 전반부에서 나타나는 하느님의 활동에 대한 반응과 일치하며," "신앙과 공존하는" 반응이라 말한다.[12] "침묵"과 관련해 그는 성서 이야기에서 일정 기간 이어지는 침묵이 "하느님을 만난 결과"일 수 있음을 보여 준다.[13] 세 여인의 침묵은 잠정적인 것으로 이해해야 한다. 결국 그들은 제자들에게 메시지를 전했기 때문이다.[14] 여인들은 "적절한 시기", "올바른 청중"인 제자들에게 메시지를 전할 때까지 외부인들

---

12 위의 책, 188, 192 참조.

13 위의 책, 189.

14 위의 책, 192.

앞에서는 침묵을 지키며 기다렸다.[15]

요컨대, 여인들은 도망치고, 떨리고, 당혹스럽고, 두려운 가운데 하느님이 예수를 다시 살렸으며(마르 16:6), 예수가 갈릴리에 나타날 것(마르 16:7)이라는 천사의 메시지를 들었다. 이는 십자가에 못 박혀 죽음을 맞이한 예수가 부활했다는, 하느님의 계시가 절정에 이른 순간에 대한 합당한 반응이다. 하느님이 활동함으로써 모든 상황은 완전히 바뀌었다. 여인들은 예수의 죽음(마르 15:40~41)과 매장(마르 15:47)을 보았기에 무덤을 찾아가면 못 박힌 자국이 있는 시신을 볼 것이라 짐작했다. 여인들이 천사의 말을 들었을 때 보이는 강렬한 반응은 하느님의 경이로운 능력에 부합하며, 그 능력은 "마르코복음서에 기록된 모든 하느님의 활동을 아우름과 동시에 이보다 훨씬 더 위대한" 활동을 통해 드러난다.[16] 하느님

---

15 James L. Magness, *Sense and Absence: Structure and Suspension in the Ending of Mark's Gospel* (Atlanta: Scholars Press, 1986), 100~101.

16 Timothy Dwyer, *The Motif of Wonder*, 192. 몰로니는 침묵한 채 도망치는 여인들을 실패로 해석하면서도 드와이어와 논쟁을 벌이지 않는다. 대너브도 마르코복음서 16장 8절에 나오는 "두려움"을 부정적인 의미로 해석한다(Danove, The End of Mark's Story, 289~91). 그러나 그보다 2년 앞선 드와이어의 연구에 대해서는 아무런 언급이 없다. 이에 대해서는 다음을 참조하라. Paul Danove, 'A Rhetorical Analysis of Mark's Construction of Discipleship', *Rhetorical Criticism and the Bible* (Sheffield: Sheffield Academic Press, 2002).

이 악을 이겼으며, 그분의 나라가 세상에 임하고 있다. 희생자였던 예수는 마침내 하느님의 아들로 온전히 인정받았음이 분명해졌다(마르 1:1, 11, 9:7, 15:39).[17]

마르코복음서에서 십자가 처형과 부활은 대척점에 있다. 그러나 두 사건은 서로를 해석하고 "드러내기" 때문에 결코 분리될 수 없다. 마르코는 이러한 상호 "조명"을 보여 주고자 천사가 세 여인에게 건넨 두 가지 말("그대들은 십자가에 못 박히신 나자렛 예수를 찾고 있소"와 "그는 살아나셨소"(마르 16:6))을 연결한다. 십자가에 못 박힌 이가 부활했다는 메시지에 여인들은 합당하게 반응했다. 이런 방식으로 마르코복음서를 읽어 보면, 마지막 여덟 구절에서 부활이라는 신비롭고도 경이로운 사건을 통해 드러나는 하느님의 자기 계시에 관한 풍성한 해석이 가능하다. 루가복음서와 요한복음서는 성령의 임재를 강조하여 부활을 통해 드러나는 하느님의 계시를 이야기하며, 마태오복음서는 부활한 예수가 열한 제자를 만나는 사건(마태 28:16~20)에 "아버지와 아들과 성령의 이름으로"

---

17 사도행전 13장 32절에서 루가는 하느님의 아버지됨과 그리스도의 아들됨을 밝히면서 부활이 계시로서 갖는 중요성을 강조한다. 그는 다윗이 왕으로 즉위하는 날, 동시에 하느님의 아들이 되었음을 선포하는 시편 기자의 고백("너는 내 아들, 내가 오늘 너를 낳았다"(시편 2:7))을 부활 사건에 적용한다.

라는 세례 공식을 조심스레 연결한다. 마태오, 루가, 요한은 부활이 (마르코복음서 16장에서 보이듯) 아버지와 아들을 드러낼 뿐 아니라, 성령까지도 드러낸다고, 성부, 성자, 성령이라는 (당시에는 이런 표현을 쓰지 않았지만) '삼위'를 온전히 드러낸다고 본다.

그리스도를 통한 구원

하느님의 계시는 상황을 변화시킨다. 구약성서의 예언자들이 선포했듯 하느님을 드러내는 말씀은 효과가 있으며, 변혁을 일으킨다(이를테면 이사 55:10~11). 계시와 구원은 구분할 수 있으나 분리할 수는 없다. 마르코복음서의 빈 무덤 이야기는 하느님의 계시, 그리고 구원 활동에 있는 주요 면모를 보여 주거나, 암시한다. 특별히 주목할 만한 세 가지 지점이 있다.

(1) 마르코복음서 마지막 장에 나오는 여덟 구절은 하느님을 언급하지는 않는다. 그러나 이 구절들은 분명 하느님이 예수를 죽음에 이르게 한 악과 불의에 승리를 거두셨음을 말하고 있다. 이 이야기의 결말은 죽음이 아니라 영광스러운 새 생명이다. 마르코는 수동태로 쓰

인 두 동사를 통해 예수의 십자가 죽음과 매장이라는 상황을 하느님이 완전히 변화시키셨음을 보여 준다. 승리를 가져오는 하느님의 능력이 십자가에 매달린 예수와 부활한 예수를 연결한다. 무덤 입구를 가로막고 있던 돌덩이는 "굴러져 있었"다. 하느님이 그렇게 하셨기 때문이다. 마찬가지로 예수는 "살아나셨다". 하느님이 그 일을 하셨기 때문이다. 여인들이 도착하기 전에, 하느님의 권능은 이미 죽음과 불의한 상황을 극적으로 뒤바꾸어 놓았다. 마태오와 루가는 다양한 요소를 추가해 승리하고 해방하는 하느님의 활동을 좀 더 폭 넓은 맥락에서 묘사한다. 두 복음서 초반에 나오는 하느님의 구원 활동은 마지막에 나오는 부활과 짝을 이룬다. 이에 관해서는 다음 장에서 좀 더 자세히 살펴볼 것이다.

(2) 많은 성서학자는 천사가 여인들에게 전한 말에 하느님이 실패한 제자들을 용서하고 회복한다는 암시가 담겨 있음을 지적한다.

　　그대들은 가서, 그의 제자들과 베드로에게 말하기를 그

는 그들보다 먼저 갈릴리로 가실 것이니, 그가 그들에게 말씀하신 대로, 그들은 거기에서 그를 볼 것이라고 하시오. (마르 16:7)

예수가 체포되었을 때, 남자 제자들은 죄를 지었고 실패했다. 그들은 밤중에 도망쳤고, 예수가 십자가에 달릴 때, 무덤에 묻힐 때조차 모습을 드러내지 않았다. 심지어 베드로는 예수를 안다는 사실조차 부인했다. 그러나 이제 그들의 실패는 용서받는다. 갈릴리에서 부활한 주님을 만날 때 그들의 제자로서의 지위는 회복될 것이다. 마르코는 남자 제자들이 받을 이 약속을 통해 구원이 죄인과의 화해를 포함함을 암시한다. 다음 장에서 살펴보겠지만, 다른 복음서 저자들, 특히 요한은 이 화해와 관련해 더 많은 내용을 전한다.

(3) 무덤에 있던 천사는 구원을 가져오는 사랑의 능력을 미묘한 방식으로 보여 준다. 마르코복음서를 주의 깊게 읽은 독자들이라면, "흰옷"(스톨레στολὴ)을 입은 "젊은 남자"(마르 16:5)가 등장하는 본문을 읽을 때 한밤중 예수를 체포하러 온 사람들에게 잡힐까 "고운 천"(신돈

σινδόν)을 버리고 알몸으로 도망친 또 다른 "젊은이"(마르 14:51~52)를 떠올릴 것이다. 14장에 등장하는 청년의 벌거벗은 상태, 고운 천, 밤에 찾아오는 어둠은 예수가 이제 무방비 상태로 끌려가 죽음을 맞이하고 무덤에 묻힐 것이라는 예감을 자연스럽게 불러일으킨다. 3일 후 새벽에 부활을 알리는 흰옷을 입은 "젊은 남자"는 예수에게 일어난 일, 즉 처형당하여 "고운 천"(신돈 σινδόν, 마르 15:46)을 입고 무덤에 묻혔지만, 죽은 자 가운데서 영광스럽게 다시 살아난 일을 상징한다. 죽음을 알리는 수의가 부활을 알리는 빛나는 옷으로 바뀌었다.

마르코복음서에 나오는 "젊은 남자"는 예수가 겪은 죽음과 부활의 여정을 상징적으로 보여 준다. 또한, 그는 구원을 일으키는 사랑을 몇 가지 측면에서 인격화해 보여 준다. 물론 이는 마르코가 의식적으로 의도한 바는 아니다. 그러나 마르코복음서에는 사랑의 하느님이 어떻게 우리를 구원하는지에 대한 다양한 해석 가능성이, "의미의 잉여"가 있다.[18]

---

18 어떤 이들은 마르코복음서의 마지막 장이 다른 본문과 마찬가지로 저자가 직접 의도한 것 이상의 의미를 독자들에게 전달할 수 있다는

마르코뿐 아니라 마태오복음서와 루가복음서의 특징 역시 이런 해석을 뒷받침해 준다. 세 복음서에서 예수는 명시적으로 하늘 아버지께서 인간을 사랑(아가페ἀγάπη)하신다는 이야기를 한 적이 거의 없으며, 예수도 '사랑'이라는 말을 거의 쓰지 않는다(마르코복음서의 경우에는 10:21, 12:30~31에만 나온다). 하지만 하느님의 보편적인 자비와 선함(이를테면 마태 5:45, 루가 6:35~36), 병든 이들, 죄인들, 잃어버린 이들을 향한 예수의 긍휼과 돌봄은 사랑이 공관복음 전체 이야기를 추동하는 힘임을 분명하게 보여 준다. 마르코복음서 16장에서 하느님의 구원하는 사랑을 이야기할 수 있는 이유는 이 복음서 초반부터 은연중에 구원을 사랑의 관점에서 다루고 있기 때문이다.

먼저, 소식을 전하는 천사는 놀란 세 여인을 받아들이고 긍정하면서 하느님의 사랑을 보여 준다. 타인을 사랑하는 것은 곧 그를 받아들이고 인정하는 것이며, 하느님의 구원하는 사랑은 하느님이 "그곳에 존재하는" 우리를 온전히 받아들

생각에 의문을 제기하곤 한다. 물론, 어떤 해석이 마르코가 전달하고자 했던 것과 모순된다면 거부해야 할 것이다. 그러나 그렇지 않다면, 후대의 독자들이 새로운 맥락에서 마르코복음서와 성서의 다른 책을 읽을 때, 원저자가 자신의 특정 상황과 독자들에게 전하고자 했던 의도를 넘어서는 의미가 어떻게 만들어지는 것인지 알아보아야 한다. 4장의 결론을 참조하라.

인다는 것을 의미한다. 천사처럼 나타난 "젊은 남자"를 통해 하느님은 세 여인과 그들이 전하는 놀라운 부활 소식을 듣게 될 이들을 따뜻하게 받아들이고 인정하신다. 사랑의 가장 근본적인 의미가 상대를 받아들이는 것이라면, 우리는 마르코 복음서의 부활 이야기에서 이러한 하느님의 받아들이는 사랑을 발견할 수 있다.

둘째, 사랑은 타인을 향한 적극적인 선의의 행동이기도 하다. 천사는 먼저 세 여인에게 다가가, 그들의 안녕을 진심으로 걱정하며, 그들과 다른 제자들의 삶을 영원히 바꿀 부활의 기쁜 소식을 전한다. 이 사랑의 선물은 갈릴리에서의 약속("거기에서 그를 볼 것")대로 부활한 예수를 만날 때, 더 깊은 자기 내어 줌이라는 사랑으로 완성될 것이다. 하느님의 선물은 하느님의 아들이 직접 자신을 내어 주는 선물로 이어진다.

셋째, 모든 상황에서, 선물로서의 사랑은 신뢰를 바탕으로 한 자기 자신의 개방을 포함한다. 나 자신을 사랑하는 이에게 선물로 내어 주는 건 곧 그에게 자신의 모습을 정직하게 보여 줌을 의미한다. 갈릴리에서 부활한 예수를 볼 것이라는 천사의 약속에는 이러한 사랑의 요소가 담겨 있다. 부활한 예수는 사랑하는 이들에게 자신을 보여 줄 것이고 만나줄 것이다. 자기를 드러낸다는 약속은 그들을 구원할 것이며, 이를 통해 그들을 변혁할 것이다.

넷째, 선물로서의 사랑은 사람들의 있는 그대로의 모습을 축복하고 그들의 가치를 인정하는 것을 넘어, 그들을 새로운 존재로 변화시킨다. 여인들이 무덤에 들어오기 전부터 하느님은 사랑으로 새로운 창조를 시작하셨다. 그렇기에 여인들과 이후 제자들은 새롭게 창조될 것이다. 이 하느님의 사랑 안에서 그리스도는 그들에게 새롭고 결정적인 정체성을 선사할 것이며, 이를 통해 그들과 아버지의 관계가 재정립되는 것을 영원히 축복할 것이다.

다섯째, 참된 사랑은 사랑하는 이를 위험에 노출시킨다. 마르코의 간결한 서술에서 우리는 이러한 사랑의 면모를 발견한다. 천사는 여인들이 "십자가에 못 박히신 나자렛 사람 예수"를 찾고 있음을 알고 있었다. 그리스도의 구원하는 사랑은, 여느 진실한 사랑이 그러하듯 그리스도를 연약하게 만들고 커다란 대가를 감내하게 했으며 결국 십자가에 못 박히게 했다. 이러한 면에서 예수의 고난과 죽음을 '수난'passion이라고 부르는 것은 의미심장하다. 이 말은 예수가 보여 준 사랑의 강렬함과 그 사랑으로 인해 예수가 감내했던 극심한 고통을 모두 담고 있다. 이야기의 강렬함에서 타의 추종을 불허하는 마르코의 수난 이야기에서 한 제자는 그를 배신하고, 다른 제자는 그를 부인하며, 나머지는 두려움에 도망친다. 그럼에도 그들을 향한 예수의 헌신은 끝없이 이어진다. 마르코복음서는 예수를 십자가에 못 박힌 자로 부름으로써 독자가 자신을 부인하는 예수의 사랑, 그러한 사랑으로 인해 예수가 치른 끔찍한 고통을 생생하게 감지하게 한다.

마르코복음서의 부활 이야기에서 드러나는 구원하는 사랑의 여섯째 측면은 호혜성Reciprocity이다. 호혜성이 없는 사랑은 결코 완전할 수 없으며, 기껏해야 일방적인 친절이나 베풂과 같은 "무관심한" 사랑이 될 것이다. 받지 않고 주기만 한다면, 더 나아가 주고받음으로써 서로가 변화할 가능성을 거부하면서 주기만 한다면, 이는 사랑이라 할 수 없다. 사랑은 본질상 관계에 기초하기 때문이다.[19] 사랑은 처음부터 서로가 자유 가운데 관계를 형성하고 유지하는 것을 목표로 한다. 사랑은 자신의 필요를 충족하기 위해 상대를 좌지우지하지 않고, 자신의 이익을 위해 상대를 도구로 이용하는 이기적인 방식을 거부하나, 그 사랑이 되돌아오기를 희망한다. 호혜성에 기초한 관계, 서로에게 주고, 받고자 하는 열린 마

---

19 주는 사랑과 받는 사랑 사이의 상호 의존에 대해서는 다음을 참조하라. John Rist, *Real Ethics* (Cambridge: Cambridge University Press, 2002), 109.

음과 열망이 없다면 과연 사랑하는 이가 사랑받는 이를 인격적인 존재로 대하고 있는지, 그 사람의 온전함을 존중하는지 의문을 가질 수밖에 없다. 빈센트 브뤼머Vincent Bruemmer에 따르면 우리는 사랑이라는 호혜적인 관계 가운데 우리의 참된 정체성을 발견한다.

> 인격체로서 '나'의 정체성은 '나' 홀로 이루는 것이 아니라, 다른 이가 '나'에게 보여 주는 사랑을 통해 '나'에게 주어진다. … 또한, '나'의 정체성은 내가 타인에게 품는 사랑에 의해서도 이루어진다. 두 가지 의미에서 모두 '나', 한 인격체로서 나의 정체성은 다른 이에게 의지하고 있다.[20]

호혜성은 본질상 하느님의 구원하는 사랑에 속해 있으며 예수의 활동 곳곳에 드러난다. 특히 예수가 사람들을 제자의 길로 부를 때 그러하다(이를테면 마르 10:21). 예수는 사람들과 사랑의 관계를 맺기 원하는 동시에 그들 모두를 자유로운 존재로 대한다. 구원받은 인간이라는 그들의 정체성은 예수가 그들에게 베푸는 사랑과 그들이 예수에게 응답하는 사랑을

---

20 Vincent Bruemmer, *The Model of Love: A Study in Philosophical Theology* (Cambridge: Cambridge University Press, 1993), 171.

통해 형성된다. 마르코복음서 마지막 장에 따르면, 부활한 예수는 제자들을 갈릴리로 초대한다. 마르코복음서의 독자는 제자들이 자유 가운데 이 약속을 지키고, 부활한 그리스도와의 호혜적 사랑이라는 관계 속에서 그들의 참된 정체성을 발견하게 될 것을 알고 있다.

하느님의 구원하는 사랑의 일곱째 면모는 간략하기는 하지만, 마르코복음서 16장 1~8절에서 발견할 수 있다. 바로, 우리에게 사랑을 불러일으키고, 우리를 변화시키는 하느님의 아름다움이다(아우구스티누스는 『고백록』Confessiones(10.27)에서 이 주제를 깊이 성찰한 바 있다).[21] 부활한 주님을 통해 드러나는 하느님의 아름다움은 오늘날에도 우리에게 사랑을 불러일으킨다. 하지만 이는 여전히 신비로 남아 있으며, 간접적으로만 드러난다. 마르코복음서 마지막 장에서도 하느님의 구원하는 아름다움은 천사를 통해 간접적으로 드러난다. 다음 장에서 살펴보겠지만, 마태오는 마르코의 이러한 암시를 더 발전시켜 천사의 아름다움을 더 분명하게 묘사한다. 그렇게 함으로써 그는 죽음이라는 상황을 구원받은 생명으로 변화시키는 하느님의 찬란하면서도 강력한 아름다움을 더 분명

---

21 다음을 참조하라. Carol Harrison, *Beauty and Revelation in the Thought of Saint Augustine* (Oxford: Clarendon Press, 1992).

하게 이야기한다. 물론 마르코복음서의 빈 무덤 이야기에 등장하는 하느님의 사자, "젊은 남자"의 젊음과 아름다움에도 이런 의미가 담겨 있다. 예수의 대리인 역할을 하는 이 "젊은 남자"는 고유한 방식으로 아름다움이 세상을 구원할 것이라는 도스토예프스키Dostoevsky의 말이 참임을 보여 준다.

지금까지 마르코복음서 마지막 장에서 발견되는 구원하는 사랑의 일곱 가지 면모(하느님의 인정, 제자들이 예수를 볼 때 자기를 내어 줌으로 완성될 하느님의 사랑이라는 선물, 제자들의 삶을 변화시킬 부활한 예수의 현현, 부활이 가져올 새로운 창조, 이 새로운 상황을 빚어내는 예수의 고난받는 사랑, 예수와의 끊임없는 관계를 통해 제자들이 경험하는 사랑의 호혜성, 예수의 부활을 통해 제자들의 삶을 변화시키는 하느님의 아름다움)을 살펴보았다.

마르코복음서의 마지막 장을 이렇게 살펴봄으로써, 나는 이 이야기가 단순한 역사적 자료를 넘어 그 이야기의 신학적 의미, 오늘날 우리에게 갖는 의미를 길어 올리고자 하는 이들에게 풍요로운 사상을 제공함을 드러내려 했다. 마르코는 하느님의 계시와 인간의 구원을 이해할 수 있는 다양한 방법을 제시한다. 이어지는 장에서는 다른 복음서들이 마르코복음서의 빈 무덤 이야기에 더해 하느님의 계시와 구원이라는 측면에서 어떤 통찰을 추가했는지를 살펴보려 한다.

덧붙임 : 문자 그대로의 의미를 넘어서

먼저 나는 복음서를 살필 때 역사 비평 방법이 필요하다는 것에 분명히 동의한다. 이 방법에 따르면 정경 본문이 형성되는 데 보통 세 단계(예수의 실제 활동과 말, 초기 그리스도인들의 공동체에서의 전승(주로 구전이라는 방식), 그리고 마지막으로 복음서 저자(마르코가 가장 먼저, 그다음 마태오와 루가, 마지막으로 요한)들의 복음서 저술)를 거친다. 학자들은 역사 비평 방법(이른바 '방법'이라고 단수로 표현했지만, 이 방법론이 단일하지는 않다)은 세 번째 단계에서 복음서 저자가 정확히 무엇을 표현하려 했는지를, 즉 본문의 문자 그대로의 의미를 확립하려 한다. 이를 위해 학자들은 당시 역사적 상황을 분석하고, 당시 문학의 관습, 종교의 관습을 기억하며, 마태오복음서의 경우 마태오가 마르코복음서, 그리고 이른바 Q라고 불리는 (마태오와 루가가 각기 다른 방식으로 사용한 것으로 보이는) 일련의 말씀 모음, 그리고 (구전과 기록된) 자료를 어떻게 끌어왔는지를 검토하고, 마태오가 글을 쓰게 된 동기와 관심사를 조사한다. 이러한 역사 비평 방법은 분명 기원후 80년경 마태오복음서의 독자들에게 특정 구절을 통해 마태오가 전달하고자 했던 바나, 그의 의도를 헤아리는 데 도움이 된다. 이런 방법을 통해 우리는 설령 마태오가 편지와 일기장을 통해 자신의 의도를 문서화하지 않았더라도, 그의 의도에 대해 어느 정도 합리적인 추론을 할 수 있다. 물론 마태오복음서가 비유, 그리고 종말론의 의미를 지닌 경고와 같은 상징 언어를 구사했을 경우 우리는 그 언어가 '단 하나의 의미'만을 갖는다고 생각하지 않도록 주의해야 한다. 비유와 묵시 언어는 단 하나의 의미로 고정될 수 없기 때문이다. 마태오 역시 이런 언어들에 담긴 상징으로서의 성격을 이해하고 있었으며, 그 언어들을 쓸 때 단 하나의 의미만 담아내려 하지 않았을 것이다. 또한, 우리는 고대의 작가들도 현대의 작가들처럼 의도적으로 모호하게, 여러 의미로 해석될 수 있는 글을 쓸 수 있다는 점도 고려해야 한다.

하지만 이런 부분들을 감안한다 해도 복음서 본문의 문자 그대로의 의미를 찾기 위해 역사 비평 방법을 쓰는 건 가치 있는 일이다. 이를테면, (이름이 나오지 않은) 한 제자가 예수를 체포하러 온 사람에게 칼을 뽑아 휘둘렀을 때 예수가 보였던 반응을 생각해 보자.

칼을 쓰는 사람은 모두 칼로 망한다. (마태 26:52)

예수를 배신한 사건을 마태오가 자신의 복음서에 기록한 맥락(역사 비평의 세 번째 단계)에서 살펴보면, 이 말은 폭력을 거부해야 하는 세 가지 이유 중 하나다. 예수의 저 말은 복음서 앞부분에 나온바 있는 비폭력에 대한 가르침(마태 5:38~42)과 맥을 같이한다. 두 번째 단계라는 맥락에서 고려해 본다면, 예수의 저 말은 기원후 66~70년에 일어난 유대-로마 전쟁에서 끔찍한 폭력을 겪은 마태오 공동체의 경험과 신념을 반영한다고 볼 수도 있다. 혹은 저 말은 실제로 예수가 전한 여러 비폭력에 관한 가르침 중 하나일 수도 있다(첫 번째 단계). 어떤 단계에서 보든 저 말의 문자 그대로의 의미는 분명하다. 폭력에 의존하는 이들은 결국 그 폭력으로 망한다는 것이다.[22]

이 진리는 오늘날에도 울림을 지닌다. 1967년 나는 베르됭에 방문한 적이 있다. 1916년 1차 세계대전 당시 맹렬한 포격으로 무너졌던 요새와 참호를 보고 공동묘지 몇 군데를 들렀다. 어떤 공동묘지에는 30만 개가 넘는 작은 십자가(묘비)가 있었다. 묘지 앞에서 기도를 올리는 와중에 저 마태오 복음서의 구절은 내게 새로운 의미로 다가왔다. 베르됭에서

---

22 이 구절에 관해서는 다음을 참조하라. Donald A.Hagner, *Matthew 14-28* (Dallas: Word Books, 1995), 789. Craig S.Keener, *A Commentary on the Gospel of Matthew* (Grand Rapids, Mich: Eerdmans, 1999), 643~4.

사람들은 칼이 아닌 소총, 기관총, 대포를 들었고 그 결과 (많은 경우 이런 무기를 들도록 강요받은) 백만 명이 넘는 프랑스, 독일 군인들이 죽음을 맞이했다. 그전에도, 그리고 20세기에도 이른바 그리스도교 국가들은 저 마태오복음서의 말에 귀 기울이지 않았고 폭력으로 자신을 파괴하는 비극을 계속해서 보여 주었다. 마태오는 그리스도교 국가들이 수 세기 동안 수많은 전쟁을 일으키리라고는 예상하지 못했을 것이다. 참호전과 대량 폭발물 사용은 상상조차 못 했을 것이다. 문자 그대로만 보면, 마태오복음서 속 비폭력에 관한 예수의 말은 (이야기 속에서는) 특정 인물, (마태오를 염두에 둔다면) 특정 공동체를 향한 말이다. 그러나 20세기 전쟁이 만들어 낸 공동묘지를 마주한 뒤 이 구절을 읽고 묵상했을 때, 저 구절은 더 깊고 새로운 의미와 진리를 선보인다. 그리고 20세기, 혹은 21세기 초반이라는 맥락에서 저 말이 의미하는 바는 1세기 마태오가 의도한 의미와 일정한 연속성이 있다. 마태오복음서가 현대에 재해석되고 새롭게 이해되는 방식은 그 원래 의미와 완전히 동떨어져 있지 않다. 불연속성 가운데서도 연속성이 있다.

이처럼, 계시와 구원이라는 관점에서 의미와 진리를 찾기 위해 네 복음서 저자의 부활 이야기를 면밀하게 검토하는 건 본문들을 마음대로 조작하거나 우리가 원하는 대로 의미를 해석하는 것이 아니다. 인정하든 인정하지 않든, 우리는 이미 2,000년 동안 이어진 그리스도교 방식의 성찰 아래 그 본문들을 읽고 있다. 그리고 이 성찰에는 구원의 본질에 관한 이해, 그리스도의 구원 활동으로 축복받은 그리스도교인들의 예배 경험, 우리를 구원하신 분에게 합당한 삶을 살려 노력했던, 제자의 길을 걸으려 했던 이들의 실천이 포함된다. 지난 300년 동안 의미와 진리에 관한 논의가 활발해지면서, 하느님의 자기 계시에 대한 질문은 교회 지도자, 신학자, 그리고 일반 그리스도교인들에게 그 어느 때보다 중요한 문제가 되었다. 불가피하게 오늘날 부활 이야기를 읽는 사람들은 2,000년 동안 축적된 질문, 경험, 의미 위에서 이 이야기에 접근하며, 이들은 그 본문이 현대라는 맥락에서 '새롭게 이해'될 때 적절한 역할을 한다. 복음서 저자들이 본래 의도한 문자 그대로의 의미는 (이를 확립할 수 있는 한) 여전히 필수적이고, 규범으로서 기능한다. 그러나 우리는 그러한 원래 의미를 확립하는 것에 만족하고 거기서 일을 끝낼 수는 없다. 복음서 저자들이 쓰고 배포한 본문들은 자체의 생명력을 갖기 시작했다. 시간이 흐르면서, 사람들이 본문을 이해하고 해석하고 삶에 적용하는 방식은 원래 저자들이 당시 독자들에게 전하고자 했던 의미를 넘어 확장되었다.

지금까지 한 이야기에는 많은 철학자, 문학 비평가를 비롯한 여러 학자가 오래전부터 설명한 내용이 반영되어 있다. 어떤 본문이든 일단 쓰이고 출판되면, 다른 상황에 속한 다른 사람들이 이를 읽고 해석하면서 고유한 역사를 갖기 시작한다. 소설, 시, 헌법이든, 혹은 나를 포함한 많은 이가 주장하듯 성서든 말이다. 이 본문은 독자적인 생명을 얻어 저자가 의식적으로 알았던 것, 혹은 의도했던 것을 넘어 더 많은 것을 독자들에게 전달할 수 있게 되고, 독자들은 더 많은 의미를 길어 올릴 수 있게 된다. 요컨대, 어떤 글에 담긴 의미는 언제나 저자가 전하고자 했던 문자 그대로의 의미를 넘어선다. 앤서니 J. 클로즈Anthony J. Close는 미겔 데 세르반테스Miguel de Cervantes의 생애를 살펴보면서 세계 최고의 고전문학으로 꼽히는『돈 키호테』Don Quixote의 특징을 이렇게 이야기한 바 있다.

이 작품은 시대가 변할 때마다 새로운 의미를 드러내는 놀라운 특성을 지녔다.[23]

---

23 Anthony J.Close, 'Is Cervantes still joking?', *Times Literary Supplement*, 12 July 2002, 3.

이 짧은 글에서는 복음서의 부활 이야기에서, 혹은 이 이야기를 기반으로 계시와 구원에 관한 새로운 의미를 찾는 것이 타당한 일임을 보여 주고자 했다. 복음서 저자들이 원래 의도했거나 암시했던 것을 염두에 둔다면, 이러한 작업이 무분별한 신학적 공상에 빠지지는 않을 것이다. 문자 그대로의 의미만 고집한다면, 본래 본문은 소유하게 될지도 모른다. 하지만 그 결과 역사를 거치며 계속 생겨난, 가치 있고 다양한 의미는 놓치게 될 것이다.[24]

---

24 의미와 원저자의 의도와 관련해서는 다음을 참조하라. Hans-Georg Gadamer, *Truth and Method* (London: Sheed and Ward, 1989). 『진리와 방법 1,2』(문학동네). Gerald O'Collins, *Fundamental Theology* (Mahwah, NJ: Paulist Press, 1986), 251~9. Gerald O'Collins and Daniel Kendall, *The Bible for Theology* (Mahwah, NJ: Paulist Press, 1997). The Pontifical Biblical Commission, *The Interpretation of the Bible in the Church* (Vatican City: Libreria Editrice Vaticana, 1993). Paul Ricœur, *The Conflict of Interpretations: Essays in Hermeneutics* (Evanston: Northwestern University Press, 1974). 『해석의 갈등』(한길사). Paul Ricoeur, *Interpretation Theory: Discourse and the Surplus of Meaning* (Fort Worth: Texas University Christian Press, 1976). 『해석이론』(서광사). Ormond Rush, *The Reception of Doctrine* (Rome: Gregorian University Press, 1997). Anthony Thiselton, *New Horizons in Hermeneutics* (London: HarperCollins, 1992). 『해석의 새로운 지평』(SFC).

계시이자 구원인 부활
— 마태오, 루가, 요한

요한의 아들 시몬아, 네가 나를 사랑하느냐?

— 요한복음서 21:15, 16, 17

전능하신 하느님 아버지를 믿는다는 것은 … 사랑의 전
능함을 믿는 것이며, 종말에 이르러 사랑이 증오와 폭력,
이기심을 극복하고 승리를 거둘 것을 믿는 것이다. 이는
이 전능함을 따라 살고 이 승리를 위해 살아야 하는 의무
를 포함한다.

— 발터 카스퍼

인격체로서 '나'의 정체성은 '나' 홀로 이루는 것이 아니

라, 다른 이가 '나'에게 보여 주는 사랑을 통해 '나'에게 주어진다. ... 또한, '나'의 정체성은 내가 타인에게 품는 사랑에 의해서도 이루어진다. 두 가지 의미에서 모두 '나', 한 인격체로서 나의 정체성은 다른 이에게 의지하고 있다.

— 빈센트 브뤼머

5장에서는 4장에서 다룬 주제인 하느님의 계시와 구원 활동에 대해 좀 더 깊이 살펴볼 것이다. (부활한 예수가 등장하지 않은 채 단지 갈릴리에서 그가 나타날 것이라는 약속만 전하는) 마르코복음서의 부활 이야기를 넘어, 다른 복음서들의 풍부한 부활 기록을 살필 때 부활의 의미를 더 깊이 탐구할 수 있기 때문이다. 마태오복음서의 마지막 장은 20절로 이루어져 있으며 예수가 두 번 등장한다. 루가복음서의 경우 부활 관련 장은 53절에 달하며 마찬가지로 부활한 예수가 두 번 등장하고 세 번째 등장을 암시한다(루가 24:34). 마지막으로 요한복음서는 두 장에 걸쳐 부활을 전하며, 부활한 예수가 네 번이나 등장한다. 마르코복음서 마지막 장과 비교해 보았을 때 십자가에 못 박힌 예수의 부활이 가져온 계시와 구원에 관해서는 마태오, 루가, 요한복음서에서 더 많은 것을 배울 수 있다. 세 복음서의 이야기를 통해 우리는 (구분은 가능하지만 분리될 수 없는) 계시와 구원이라는 하느님의 두 가지 자기 전달을 좀 더 깊이 이해할 수 있다.

계시

마태오, 루가, 요한복음서는 부활한 예수가 직접 등장해 말했다고 이야기를 전함으로써 부활이 지닌 하느님의 자기 계시로서의 성격을 더 강화한다. 이 이야기들에서 예수는 자신이 죽은 자 가운데서 부활함으로써 이루어진 계시가 어떤 의미가 있는지를 밝힌다. 앞서 2장에서 우리는 바울이 보고하는 부활 현현에 대해 간략하게나마 살핀 바 있다. 그는 부활에 관해 언급할 때(1고린 9:1, 15:3~8, 갈라 1:12, 16) 부활한 주님이 어떤 말씀을 전했는지 전혀 언급하지 않는다. 그렇다면 마태오, 루가, 요한은 부활한 그리스도가 어떤 말을 했다고 전하고 있을까?

주의 깊게 비교해 보면, 한 복음서에 부활한 그리스도가 말했다고 기록한 부분이 다른 복음서가 기록한 부분과는 중복되지 않고, 중복이 있더라도 대략적인 유사성만 가진다. 십자가에 못 박히기 전까지 예수가 이 땅에서 활동한 부분을 다룰 때 마르코, 마태오, 루가복음서에는 상당히 유사한 부분이 많다. 하지만 부활 이야기는 그렇지 않다. 또한, 마태오, 루가, 요한복음서에서 부활한 예수가 사용하는 언어는 각 복음서 저자의 고유한 특성을 강하게 반영하고 있다. 이를테면 마태오는 자신만의 정형화된 표현으로 복음서를 마무리한다.

> 나는 하늘과 땅의 모든 권세를 받았다. 그러므로 너희는 가서, 모든 민족을 제자로 삼아서, 아버지와 아들과 성령의 이름으로 세례를 주고, 내가 너희에게 명한 모든 것을 그들에게 가르쳐 지키게 하여라. 보아라, 내가 세상 끝날까지 항상 너희와 함께 있을 것이다. (마태 28:18~20)

이 말씀은 마태오복음서 특유의 내용과 그리스도 이해를 완벽하게 집약하고 있어서, 마태오복음서의 결론으로 적절하다. 하지만 다른 복음서의 결말로는 전혀 어울리지 않는다.[1]

---

1 Christpher F.Evans, *Resurrection and the New Testament* (London: SCM Press, 1970), 84. 이 책에서 에반스는 마태오복음서의 특징이 담긴 몇 가지 주제들(제자 삼기, 교회의 사명인 가르치는 역할, 새로운 율법을 전하는 예수의 가르침, 예수의 족보(마태 1:1~17)에 나오는 이방 여인의 이름과 동방박사의 방문(마태 2:12~12), 탄생 이야기 중 예수가 우리와 함께한다는 주님의 천사의 예견이 모든 민족을 향한 사명과 연결되어 있다는 생각)을 제시하고 있다. 한편, 도널드 A. 해그너Donald A. Hagner는 마태오복음서 28장 18~20절에 대해 다음과 같이 해설한다. "마태오가 특유의 방식으로 예수의 말씀을 재구성한 것은 분명하다. … 그러나 이러한 사실이 마태오가 처음부터

마태오는 복음서를 마무리하면서 당시 그리스도인들이 쓰던 (아버지, 아들, 성령을 언급하는) 세례 공식을 인용하고, 전례 가운데 그들이 체험했던, 높임 받은 그리스도가 그들과 함께한다는 신앙을 반영한다(마태 18:20 참조).

그렇다면 복음서들에 기록된 부활한 예수의 말들은 어디서 비롯되었으며, 이 말들의 신학적 의미와 권위는 어떻게 이해해야 할까? 마태오, 루가, 요한은 모두 그리스도가 부활 후 현현을 통해 세상을 향한 자신의 사명을 장기적인 관점에서 시작했음을 알고 있었다. 그들은 각자 나름의 방식으로, 각자가 보유한 (마르 16:1-8과는 다른) 전승을 가지고 부활한 예수가 한 말들을 기록함으로써 부활한 예수와의 만남이 어떻게 제자들의 사명을 시작하게 했는지, 그리고 그 사명이 무엇(세례와 죄의 용서)을 포함하는지를 표현했다. 이러한 분석은 복음서 말씀들의 출처를 설명하기 위함이지, 부활의 진리나 부활한 그리스도가 전한 메시지의 진실성과 가치를 부정하는 게 아니다.

다양한 부활 이야기에서는 (말씀과 사건을 통한) 계시라는 주

끝까지 그 말씀을 창작했다는 것을 의미하지는 않는다. … 마태오는 그저 전해 내려오는 전승을 연구하고 재현한 것일 수도 있다." Donald A. Hagner, *Matthew 14~28*, vol. 33b (Dallas: Word Books, 1995), 883. 『마태복음 하』(솔로몬).

제, 인간이 그리스도의 부활에 담긴 하느님의 완전한 계시를 인식하기 위해서는 하느님의 도움이 반드시 필요하다는 확신이 거듭 등장한다. 마태오복음서에서 이를 어떻게 묘사하는지 살펴보자. 여기서 주님의 천사는 그곳에서 전달되는 진리가 일상에서는 파악할 수 없는 진리임을 보여 주는 역할을 한다. 여인들은 예수의 시신이 놓여 있던 빈 무덤을 본다. 하지만 빈 무덤을 통해 드러나는 계시를 이해하려면 천사의 말을 들어야 한다. 몇 구절 뒤 마태오는 열한 제자가 갈릴리의 한 산에 갔고 그곳에서 일부는 한 번에 부활한 주님을 알아보고 절을 하지만, 일부는 의심한다고 말한다(마태 28:17). 그리스도가 가까이 다가와 말씀하셔야지만 모두가 그가 누구인지, 자신들의 사명이 무엇인지를 완전히 이해한다. 부활한 주님은 계시가 임한 거룩한 산에서 제자들에게 말씀을 선포하고, 세례를 베풀고, 가르치라는 사명을 맡긴다. 이렇게 마태오는 십자가에 달린 예수의 부활과 부활한 예수를 단 한 번 마주한 사건을 통해 계시된 내용에 우리의 관심을 집중시킨다.

반면, 루가와 요한복음서는 부활한 주님을 통해 계속되는 계시 체험에 좀 더 관심을 보인다. 이러한 체험은 무엇보다도 전례 가운데 일어난다. 루가와 요한복음서의 부활 본문은 부활한 예수를 다음의 활동을 통해 경험하게 될 것이라고 반복해서 말하거나 암시한다.

(1) 성찬

(2) 식사 교제

(3) 죄의 용서

(4) 성서를 읽고, 듣고, 받아들이는 것

(5) 성령의 강력한 역사

(6) 신앙 체험

루가와 요한은 이러한 예배와 삶의 요소들을 통해 그리스도가 교회 안에서 계속해서 실제로 함께한다는 것을 보여 준다. 이제 루가복음서와 요한복음서에 나타난 주제들과 암시들이 부활 이후의 계시에 대한 우리의 이해를 어떻게 더 풍부하게 해주는지 살펴보자.

(1) 엠마오로 향하는 두 제자는 예수가 "빵을 떼"어 그들에게 주었을 때 눈이 열려 부활한 주님을 알아보게 된다 (루가 24:30~31, 35). 이 구절은 분명히 성찬의 의미를 담고 있다. 루가는 넌지시 그리스도인들이 성찬을 받고

자 모이는 자리에서 부활한 그리스도가 그들과 함께함을 알게 될 것이라고 암시한다.

(2) 제자들이 함께 식사하거나 예배드릴 때 주님을 경험하는 것도 이와 밀접한 관련이 있다. 그들이 예수의 이름으로 모일 때 예수는 그곳에 자신을 드러낸다(루가 24:33~45, 요한 20:19~23). 호숫가에서 함께 아침 식사를 할 때도 제자들은 "그가 주님"이심을 안다(요한 21:12~13).

(3) 요한은 독특하게 부활한 그리스도가 부활 주일 저녁에 제자들에게 나타난 사건과 죄의 용서를 분명하게 연결한다.

> 너희가 누구의 죄든지 용서해 주면, 그 죄가 용서될 것이요, 용서해 주지 않으면, 그대로 남아 있을 것이다. (요한 20:23)

그는 다른 곳에서도 이러한 연관성을 보여 준다. 요한은 첫 부활 주일 이른 아침 막달라 마리아가 부활한 그

리스도를 알아보기 전에 돌아섰다가 다시 돌아서는 장
면을 묘사한다.

뒤로 돌아섰을 때에, 그 마리아는 예수께서 서 계신 것을
보았지만, 그가 예수이신 줄은 알지 못하였다. (요한 20:14)

예수께서 "마리아야!"하고 부르셨다. 마리아가 돌아서서
히브리말로 "라부니!"하고 불렀다. (요한 20:16)

여기에는 단순한 물리적인 몸의 움직임 이상의 의미가
있다. 부활한 그리스도를 알아보고 믿게 되는 과정에
는 '회심'이 포함되어 있다. 이는 "예수께서 죽은 자들
가운데서 살아나신 뒤에 제자들에게 자기를 나타"낸
"세 번째" 사건(요한 21:14)에서도 마찬가지다. 베드로와
부활한 그리스도의 만남은 세 번에 걸쳐 예수를 부인
했던 베드로의 잘못을 용서하는 사건이 된다. 따라서
요한은 자신의 부활 이야기를 통해 독자들에게 다음과
같은 확신을 전한다. '죄의 용서를 체험하는 곳에서는
언제나 부활한 그리스도의 임재와 계시를 체험할 수
있다.'

(4) 루가는 그리스도의 현존과 계시를 성서를 통해 전달되는 계시와 분명하게 연결한다. 엠마오로 향하던 두 제자는 그리스도를 만나면서 성서에 대한 새로운 이해를 얻고 받아들이게 된다(루가 24:13~32). 또한, 루가복음서에서 부활한 그리스도는 예루살렘으로 돌아와 제자들에게 자신이 고난받고 영광에 들어가야 한다는 것을 성서가 어떻게 증언하고 있는지를 알려 준다(루가 24:44~47).

(5) 요한복음서 20장 22절과 루가복음서 24장 49절은 성령의 활동을 통해 부활한 주님이 우리와 함께한다고 말한다.

> (예수께서는) 이렇게 말씀하신 다음에, 그들에게 숨을 불어 넣으시고 말씀하셨다. "성령을 받아라." (요한 20:22)

> 나는 내 아버지께서 약속하신 것을 너희에게 보낸다. 그러므로 너희는 위로부터 오는 능력을 입을 때까지, 이 성에 머물러 있어라. (루가 24:49)

성령, 그리고 성령의 선물을 받아들이는 곳에서 부활한 그리스도는 자신을 드러내고 활동한다.

(6) 마지막으로, 요한은 누구든 그리스도를 "나의 주, 나의 하느님"으로 고백하면 그리스도께서 그를 (눈에 보이지 않더라도) 만나 준다고 이야기한다. 따라서 요한복음서는 루가복음서와 달리 이별 장면이나 승천 이야기 없이 예수의 말씀을 독자들에게 강조하며 마무리된다.

나를 보지 않고도 믿는 사람은 복이 있다. (요한 20:29)

보이지 않더라도 부활한 그리스도가 자신과 함께함을 믿는 이들, 이를 체험하는 이들은 복된 이들이다.

이처럼 루가복음서와 요한복음서의 부활 이야기는 다양한 방식으로 독자들에게 부활한 그리스도가 지속적으로 우리와 함께함을 보여 준다. 마태오복음서도 훨씬 간략한 방식이지만, 예수의 약속을 통해 이러한 현존을 이야기한다.

내가 세상 끝날까지 항상 너희와 함께 있을 것이다. (마태 28:20)

이 현존은 전 세계를 향한 사명, 세례 의식, 그리고 예수의 "계명"을 가르치는 일을 통해 경험되고 전달된다(마태 28:19~20).

구원

지금까지 마태오, 루가, 요한복음서 마지막 장의 이야기를 하느님의 자기 계시와 관련된 주제들을 이해하는 데 중점을 두고 살펴보았다. 세 복음서는 이야기를 듣고 싶어 하는 인간의 본능적 욕구를 채워 준다. 그러나 복음서는 단순히 '그다음에 무슨 일이 일어나는지' 알려 주는 데만 목적이 있지 않다. 독자들은 복음서와 그 안에 담긴 하느님의 자기 계시의 단서들을 깊이 살펴보면서 '이 모든 것이 무엇에 관한 것인지'를 엿볼 수 있다. 마태오, 루가, 요한복음서의 부활 이야기는 구원에 대한 세 가지 관점(악과 불의에 대한 하느님의 승리, 죄인들의 화해, 사랑)에서 이 모든 일이 무엇에 관한 것인지를 엿보게 한다.

생명의 승리

마태오는 부활 이야기에서 예수의 친구(두 여인, 즉 막달라 마리아와 "또 다른 마리아")와 (무덤을 지키기 위해 배치된 군인들로 대표되는) 폭력과 적대감으로 무장한 불의의 세력을 대비시킨다. 마태오는 예수의 매장을 목격하고 무덤 앞에서 슬퍼했던 여인들(마태 27:61)에서 무덤을 지키는 경비병들(마태 27:62~66)로, 다시 부활 주일 새벽에 무덤을 방문하는 여인들(마태 28:1)로, 다시 주님의 천사를 보고는 "죽은 사람처럼 된" 병사들(마태 28:4)로, 그리고 부활의 소식을 들은 여인들(마태 28:5~7)로 이야기의 초점을 능숙하게 옮긴다.

군인들이 대표하는 이 세상의 불의한 권력에 비해 예수와 함께하는 사람들은 무력해 보인다. 본디오 빌라도와 대제사장들은 예수의 무덤을 봉인해 버렸고, 경비병을 세워 감시했다. 수상한 행동은 용납되지 않는다. 로마제국의 정치 권력과 예루살렘의 종교 권력에 예수는 죽임당하고 매장당했다.

그의 시신은 봉인되었고 감시 아래 무덤에 놓여 있다. 어떤 일도 일어날 리 없다. 예수의 시신은 갇힌 채 조용히 썩어갈 것이다. 그러나 하느님은 위엄 있는 "주님의 한 천사"를 통해 모든 상황을 완전히 변화시키고, 예수(와 두 여인)를 지지하며 힘의 균형을 뒤집어 버린다. 놀라운 반전 가운데 군인들은 무력한 시체처럼 쓰러져 버린다. 그들은 자신이 예수의 시체를 지키고 있다고 생각했다. 그러나 이제 땅에 쓰러져 "죽은 사람 같이" 된 이는 군인이다.

두 여인은 예수의 남자 제자들에게 달려가 부활이라는 놀라운 진실을 전했으며, 달려가는 길에 부활한 예수를 직접 만나는 특별한 기쁨을 누린다(마태 28:8~10). 한편, 일부 경비병들은 예루살렘에 가서 종교 권력자들에게 "일어난 일을 모두"(마태 28:11) 보고한다. 이들은 예수의 시신이 어떻게 되었는지에 관해 거짓된 이야기를 퍼뜨리는 대가로 상당한 보수를 받는다. 뇌물을 받고 그들은 "예수의 제자들이 밤중에 와서 우리가 잠든 사이에 시체를 훔쳐 갔다"고 말한다(마태 28:11~15). 마태오복음서의 부활 이야기에서 언급되는 이러한 은폐 작업은 수난 이야기가 시작될 때 일어난 일화, 대제사장과 장로들이 예수를 죽일 계획을 모의하는 장면을 떠오르게 한다. 그들은 유다에게 예수를 배신하는 대가로 돈을 준다(마태 26:3~4, 15). 예수를 반대하는 사람들은 죽음, 배신, 거짓을 상징하는 반면, 신실한 두 여인은 예수의 새로운 생명이라는 놀라운 진실을 받아들이고 선포한다. 하느님의 친구들은 거대한 정치 권력이 가진 압도적인 힘 앞에서, 거룩한 여인들처럼 자신이 연약하고 무력하다고 느낄 수 있다. 그러나 하느님은 구원을 통해 모든 것을 변화시키고 악에 승리를 거둘 수 있으며 그렇게 하실 것이다.

이처럼 마태오복음서의 마지막 장들을 연결하는 커다란 흐름이 있다. 이 흐름을 통해 마태오는 자신의 아들뿐만 아니라 충실한 제자를 대표하는 두 여인을 보호하고 지지하는 하느님의 권능과 생명을 이야기한다. 이 흐름은 마태오복음서 시작 부분에 등장하는 흐름과 유사한데, 시작과 끝을 연결하는 수미상관inclusion의 좋은 예라 할 수 있다.

마태오복음서는 헤로데 대왕과 동방박사의 방문, 아이들의 죽음과 성가족의 이집트 피신 이야기(마태 2:1~18)를 통해 예수가 이 땅에 온 사건이 죄악으로 가득한 공포 가운데 어떻게 하느님이 놀라운 반전을 일으킬 것인지, 이를 희망할 수 있게 하는지를 보여 준다. 역사에서 헤로데보다 더 끔찍한 폭군이 있었을 수도 있지만, 그보다 더 잔인하거나 잔혹한 사람은 거의 없다. 의심의 여지 없이 그는 역사상 가장 추악한 폭군이라 불릴 만하다. 그는 나라 안팎에서 수많은 사람을 죽였으며 심지어 자신이 아끼던 아내와 세 아들을 살해하기까지 했다. 로마 황제 아우구스투스 카이사르Augustus Caesar는 "헤로데의 아들이 될 바에야 헤로데의 돼지가 되는 게 낫다"는 말을 남기기까지 했다.

교활하고 비열한 헤로데는 동방박사를 만나자마자 그 본색을 드러낸다. 그는 유대인의 왕으로 태어날 아기를 경배하고 싶다는 구실로 동방박사를 속이고, 아기의 신원과 태어난 장소를 밝혀내려 한다. 편집증에 가까운 두려움에 사로잡혀,

그리고 경쟁자가 나타날 수 있다는 생각을 견딜 수 없어 헤로데는 베들레헴과 그 주변에서 태어난 모든 남자 아기를 학살하라는 명령을 내린다(이 학살을 그린 많은 화가는 이 잔혹한 살인 뒤에 숨은 증오와 사악함을 생생하게 표현했다).

마태오의 이야기에는 성가족을 구하는 하느님의 대리자, "주님의 천사"(마태 2:13)가 등장한다. 하느님은 동방박사에게 경고를 전하여 그들을 구하기 위해 행동한다. 이 이야기에서 하느님에게 순종하는 사람들(마리아, 아기 예수, 요셉, 동방박사)은 철저히 연약하며 사악한 폭군의 권세에 무력하고 무방비인 상태처럼 보인다. 그러나 하느님은 상황을 변화시키고 그들을 구하신다. 이 이야기 전후로(마태 1:20~25, 2:19~20) 등장하는 "주님의 천사"는 마태오복음서 초반과 마지막(마태 28:2~7)에만 등장한다.

헤로데는 모든 곳에서 죽음, 거짓, 증오, 악을 대표한다. (마태오복음서 초반에 등장하는) 갓난아기 그리스도와 (복음서의 끝에 등장하는) 부활한 예수는 생명으로 죽음을, 진리로 거짓을, 사랑으로 증오를, 하느님의 자비로운 선함으로 악을 극복하여 모든 것을 뒤집는다. 주님의 천사는 마태오복음서의 시작과 끝에서 하느님이 구원을 통해 생명의 승리를 가져다주심을 깨닫도록 사람들을 돕는다.

루가는 다른 복음서들처럼 부활을 알리면서도(루가 24:7), '살아 있는 이', '살아 계시다'와 같이 현재의 생명을 강조하는 표현에 특별한 관심을 보인다. 예수의 무덤에서, 한목소리로 말하는 두 천사는 여인들에게 묻는다.

> 어찌하여 너희들은 살아 계신 분을 죽은 사람들 가운데서
>
> 찾고 있느냐? (루가 24:5)

루가복음서 후반에 나오는 엠마오 이야기에서 두 제자도 이 천사들의 말을 떠올린다. 그들은 함께 길을 걷던 낯선 이에게 여인들이 천사의 환상을 보았으며 천사들이 "예수가 살아 계신다"(루가 24:23) 말했다고 이야기한다. 부활한 예수가 현재 살아 있음을 강조하는 이런 표현 방식이 루가 고유의 특징은 아니다. 다른 신약성서 저자들도 종종 그런 방식으로 부활한 예수를 표현한다(이를테면 로마 14:9, 계시 1:18). 그러나 루가는 이를 통해 부활의 현재성을 특별히 강조한다는 점에서 다른 복음서 저자들과 구별된다.

루가복음서의 주요 독자층이 유대인보다는 이방인이었을 확률이 높다는 것이 부활을 이야기하며 그 현재성을 강조한 이유일 수 있다. 유대교 배경이 없는 독자들도 '살아 있다'

는 표현은 쉽게 이해할 수 있었을 것이다. 오늘날도 마찬가지다. 수년간 꽤 많은 광고에서 생명, 삶과 관련된 특정 심상들을 활용하고 '살다', '생명', '삶'과 같은 말을 자주 쓴다는 점은 주목할 만하다. 2002년 10월 중순, 로마에서 강연을 위해 옥스퍼드 대학교 캠피온 홀으로 가는 길에 몇몇 광고가 눈에 들어왔다. 한 핸드폰 업체에서는 "경계 없이 살아가라"라는 문구와 함께 광고를 하고 있었고, 스포츠 전문 유료 채널은 "전설처럼 살아라"라는 문구를 내걸고 자신을 홍보하고 있었다. 그리고 이 광고 문구들 위에는 각각 활기찬 젊은 여자와 열정으로 가득 차 보이는 젊은 남자 운동선수가 있었다. 옥스퍼드에 도착하고 나서는 블랙웰 서점에서 책을 몇 권 샀는데 책들이 담긴 봉지에는 이런 글귀가 써 있었다. "삶을 살아라. 책을 사라." 2,000년 전 루가가 쓴 표현은 오늘날에도 강한 호소력을 발휘하고 있다.

물론 루가가 생명의 현재성을 강조한 표현을 쓴 데는 또 다른 이유가 있을 수도 있다. 이 표현은 예수의 현재 상태를 정확히 설명한다. 그는 죽은 자 가운데서 살아났으며 죽음을 이기고 살아났다. '살아 계시다', '살아 있다'는 표현은 부활을 통해 예수가 얻게 된 영원한 상태를 의미한다. 더 나아가, 이 표현은 예수가 현재, 그리고 미래에 우리와 나누고자 하는 것이 무엇인지 정확히 보여 준다. 그는 우리가 지금도, 그리고 영원히 하느님 안에서 살 수 있도록 죽음에서 다시 살아나셨고 살아 계신다.[2]

루가복음서가 부활이 구원과 관련해 지닌 의미를 어떻게 전했는지에 관한 논의를 마치기 전에, 루가가 의도하지는 않았으나 그의 본문에서 발견할 수 있는 두 가지 주제에 대해 좀 더 생각해보자. 첫째, 빈 무덤은 일종의 역설적인 상징으로 부활한 예수가 거하는 충만한 생명을 가리킨다. 무덤은 보통 죽음, 존재의 해체, 부패를 연상시킨다. 예수의 빈 무덤은 그 반대, 죽음이라는 침묵을 이겨 낸 완전한 생명을 의미한다.

둘째, 루가복음서의 처음과 끝에 등장하는 천사(루가 1:5~22, 26~38, 2:8~14, 24:4~7, 22:43에도 등장한다고 볼 수 있다)는 1~2장과 24장에서 "성서의 말씀을 성취하는" 사건을 강조하는 여러 요소와 함께 등장한다. 천사는 루가복음서의 시작과 끝

---

2 여러 루가복음서 주석은 부활을 다룰 때 "생명"이라는 중요한 주제를 거의 다루지 않는다. 다음을 참조하라. Darrell L. Bock, *Luke*, Volume 2 (Grand Rapids, Mich.: Baker Books, 1996). 『BECNT 누가복음2』(부흥과개혁사). Joseph A. Fitzmyer, *The Gospel according to Luke X-XXIV*, Anchor Bible 28a (Garden City, NY: Doubleday, 1985). 『앵커바이블 누가복음2』(CLC). John Nolland, *Luke 18:35~24:53*, *Word Biblical Commentary* 35c (Dallas: Word Books, 1993). 『누가복음 하』(솔로몬).

을 연결하는 수미상관을 이루며, 특히 1~2장에 나오는 예수의 동정녀 잉태와 탄생을 24장의 무덤에서의 부활과 연결한다.[3] 하느님의 특별한 개입을 통해 예수는 동정녀의 자궁에서 태어났으며, 마찬가지로 무덤이라는 또 다른 자궁에서 영광스럽게 새로운 생명으로 나왔다. 천사들을 예수의 잉태와 탄생뿐 아니라 무덤에서의 부활과 연결함으로써 루가는 마리아의 자궁에서부터 시작된 지상에서의 삶과 무덤에서 시작된 하늘에서의 삶, 혹은 생명 사이의 유사성을 암시한다. 루가가 수미상관을 통해 천사를 등장시킨 것에서 길어 올릴 수 있는 하나의 통찰이다.

죄인들의 화해

네 복음서는 모두 예수의 수난과 십자가 처형이 죄의 본성을 어떻게 드러내는지를 이야기한다. 그런데 마태오, 루가, 요한복음서의 부활 이야기는 마르코복음서보다 좀 더 나아가 예수의 부활이 어떻게 죄인과 하느님, 그리고 죄인들 사이에 서로 화해를 이루는지까지를 보여 준다. 마태오는 복음서 마지막 장에 이후 교회에서 사용할 세례 공식을 넣음으

---

3 사도행전 1장 10~11절에서 예수의 승천을 "설명하는" 두 천사는 루가복음서 24장 4~7절에 등장하는 천사와 함께 수미상관을 이룬다.

로써 예수의 부활에 죄의 용서라는 의미를 담았다.

> 그러므로 너희는 가서, 모든 민족을 제자로 삼아서, 아버지
> 와 아들과 성령의 이름으로 세례를 주고, 내가 너희에게 명
> 령한 모든 것을 그들에게 가르쳐 지키게 하여라. 보아라,
> 내가 세상 끝날까지 항상 너희와 함께 있을 것이다. (마태
> 28:19~20)

복음서를 시작하며 마태오는 세례 요한이 요단강에서 죄를
고백하는 이들에게 세례를 베풀고, "성령과 불"로 세례를 줄
이가 올 것이라 선포했다고 이야기한다(마태 3:1~12). 세례 요
한의 활동은 장차 예수의 제자들이 맡게 될 더 중요한 사명,
죄의 용서를 위해 세례를 베풀고 "아버지와 아들과 성령의
이름으로" 세례를 주는 사명을 미리 보여 준 것이었다(마태
28:19). 그리고 복음서 마지막에 갈릴리 산에서 일어난 일을
그리며, 마태오는 성령 강림, 모든 민족이 부활한 그리스도
의 제자가 되어 화해를 이루게 될 것임을 암시한다.

루가복음서의 부활 이야기에는 자신의 이름으로 "죄 사함
을 받게 하는 회개가 모든 민족에게 전파될 것"이라고 선포
하는 부활한 예수가 등장한다. 이 약속은 성령의 강림과 관

련이 있으며(루가 24:47~48), 오순절에 성령이 임하고 베드로가 (모든 민족을 대표하는) 무리를 불러 모아 하느님과의 화해를 받아들이게 했던 사건으로 성취된다.

> 회개하십시오. 그리고 여러분 각 사람은 예수 그리스도의 이름으로 세례를 받고, 죄 용서를 받으십시오. 그리하면 성령을 선물로 받을 것입니다. (사도 2:38)

죄를 용서하는 세례는 오순절에 형성된 새로운 공동체로 모든 민족의 신자들을 모으는 역할을 한다. 회개한 죄인들이 함께 모임으로써 예수의 부활과 성령의 강림은 완성된다. 예수의 죽음이 "흩어져 있는 하나님의 자녀를 한데 모아서 하나가 되게 하기"(요한 11:52) 위함이었다는 요한복음서의 말도 이와 같은 맥락 위에 있다.

하느님에게서, 그리고 서로에게서 멀어진 이들, 소외된 이들을 다시 모으는 일은 단순히 죄의 용서를 넘어 거대하고 탁월한 사랑의 활동이다. 마태오, 루가, 요한은 부활한 그리스도의 구원 활동에서 사랑이 핵심임을 이해하도록 돕는다.

구원하는 사랑

마태오, 루가, 요한복음서 모두 십자가에 달린 예수의 부활과 성령강림으로 이어지는 사건들을 은혜로운 하느님이 사랑으로 하시는 구원의 절정으로 보는 이들에게 풍부한 자료를 제공한다. 찬란하게 빛나는 주님의 천사(마태 28:3)는 부활한 예수의 천상의 '분신' 역할을 하며, 아름다움과 사랑과 구원이 서로 연결되어 있음을 우리에게 일깨워 준다. 아름다움은 사랑을 불러일으키며 행동하도록 영감을 준다. 우리는 선하고 아름다운 것을 갈망하고 거기에 우리 마음을 바친다. 부활한 그리스도를 통해 드러난 비할 바 없는 하느님의 아름다움과 선함은 우리의 사랑을 촉발해 우리 삶을 변화시킬 수 있다. 아우구스티누스는 하느님의 아름다움이 어떻게 우리의 사랑을 불러일으키고 우리의 존재를 변화시키는지 인상적인 방식으로 표현한 바 있다(이를테면 『고백록』 3.6., 9.4., 10. 27.). 엠마오로 가는 길에서 예수와의 만남을 다룬 루가복음서 이야기에서 글로바와 그의 동료는 그들과 함께 한 부활한 예수, 그리고 그의 가르침이 어떻게 자신들의 마음을 뜨겁게 하는지를 경험한다.

그들은 서로 말하였다. "길에서 그분이 우리에게 말씀하시

고, 성경을 풀이하여 주실 때에, 우리의 마음이 뜨거워지지

않았습니까?" (루가 24:32)

이는 부활한 주님의 아름다움과 진리가 지닌 변혁의 힘을 잘
보여 준다.

네 복음서 중 예수의 죽음과 부활을 통해 이 땅에서 움직
이는 하느님의 사랑, 그분의 구원하는 능력을 가장 분명하게
보여 주는 복음서는 요한복음서다. 요한은 예수의 고별 담화
때부터 구원하는 사랑이라는 주제를 강조한다(13장 시작과 17
장 끝이 수미상관을 이룸으로써 이는 더 도드라져 보인다). 여기서 예
수는 긴 기도 끝에 하느님 아버지에게 자신의 고난, 죽음, 부
활을 통해 제자들을 자신과 아버지가 나누는 생명, 사랑의
친교 안으로 이끌어 달라고 기도한다.

나는 이미 그들에게 아버지의 이름을 알렸으며, 앞으로도

알리겠습니다. 그것은, 아버지께서 나를 사랑하신 그 사랑

이 그들 안에 있게 하고, 나도 그들 안에 있게 하려는 것입

니다. (요한 17:26)

고별 담화를 시작하며 이미 요한은 예수에 대해 말한 바 있다.

(예수께서는) 세상에 있는 자기의 사람들을 사랑하시되, 끝까

지 사랑하셨다. (요한 13:1)

두 장에 걸쳐 전개되는 요한복음서의 부활 본문은 부활한 예
수가 베푸는 구원하는 사랑이 무엇인지를 잘 보여 준다. 이
를테면 막달라 마리아와 부활한 주님의 만남은 빈센트 브뤼
머가 이야기한 호혜적인 사랑과 타자에게 정체성을 받는다
는 생각을 놀랍도록 잘 드러내고 있다. 이 만남에서 우리는
예수의 마리아를 향한 사랑, 예수를 향한 마리아의 사랑, 그
리고 이를 통해 마리아의 정체성이 형성되는 과정을 본다.
요한복음서 마지막 장을 좀 더 살펴보자.

　요한복음서를 꼼꼼히 읽다 보면 베드로의 죄와 용서가 눈
에 띄기 마련이다. 대제사장 집 안뜰에서 베드로는 세 번이
나 자신이 예수의 제자라는 사실을 부정한다(요한 18:15~27).
이 음울한 사건은 닭이 울 때 끝나지만, 베드로는 어떠한 회
개의 눈물도 흘리지 않는다. 예수가 부활한 후, 그는 빈 무
덤을 방문한다(요한 20:2~10). 부활한 예수가 나타나 제자들에
게 성령을 불어넣고, 죄를 용서할 수 있는 능력을 줄 때, 아
마 베드로도 다른 제자들과 함께 거기에 있었을 것이다(요한
20:19~23). 불과 며칠 전 예수를 세 번 부인했던 것에 상응해

이제 베드로는 세 번에 걸쳐 주님을 향한 사랑을 고백하고, 그분의 양들을 먹이라는 사명을 받는다.

그들이 아침을 먹은 뒤에, 예수께서 시몬 베드로에게 물으셨다. "요한의 아들 시몬아, 네가 이 사람들보다 나를 더 사랑하느냐?" 베드로가 대답하였다. "주님, 그렇습니다. 내가 주님을 사랑하는 줄을 주님께서 아십니다." 예수께서 그에게 말씀하셨다. "내 어린 양 떼를 먹여라." 예수께서 두 번째로 그에게 물으셨다. "요한의 아들 시몬아, 네가 나를 사랑하느냐?" 베드로가 대답하였다. "주님, 그렇습니다. 내가 주님을 사랑하는 줄을 주님께서 아십니다." 예수께서 그에게 말씀하셨다. "내 양 떼를 쳐라." 예수께서 세 번째로 물으셨다. "요한의 아들 시몬아, 네가 나를 사랑하느냐?" 그 때에 베드로는, "네가 나를 사랑하느냐?" 하고 세 번이나 물으시므로, 불안해서 "주님, 주님께서는 모든 것을 아십니다. 그러므로 내가 주님을 사랑하는 줄을 주님께서 아십니다"하고 대답하였다. 예수께서 그에게 말씀하셨다. "내 양 떼를 먹여라." (요한 21:15~17)

이처럼 요한복음서의 마지막 장에는 베드로가 자신이 벌인

비겁한 행동을 사랑으로 용서받는 모습이 담겨 있다. 하지만 여기서 끝이 아니다. 이 본문에는 사랑에 대한 더 많은 이야기가 있다. 이 이야기는 부활한 예수가 묻혀 있던 과거를 끄집어내, 섬세한 사랑으로 베드로와 독자들의 오래된 기억을 치유하는 모습을 보여 준다. 요한복음서에서 자주 그러하듯, 이 본문은 독자인 우리가 예수를 만나고 체험하는 이들과 우리 자신을 동일시하도록 이끈다. 요한복음서 21장에서 제자들과 우리 자신을 동일시할 때, 우리는 복음서의 처음부터 등장했던 여러 사건을 함께 기억하게 된다. 이러한 과정을 통해 우리는 우리 자신의 묻혀 있던 과거도 되살펴 보고 치유받을 수 있다. 이제 요한복음서의 마지막 장이 어떻게 사랑을 통한 치유와 구원을 가져오는지 자세히 살펴보겠다.

요한복음서 20장 이후 마지막 장에서 마주하는 상황은 매우 놀랍다. 막달라 마리아는 예기치 못한 가운데 예수의 빈 무덤을 발견하고, 베드로는 마리아의 요청을 받아 빈 무덤을 방문한다(요한 20:3~10). 부활 주일 저녁, 그는 다른 제자들과 함께 부활한 주님을 보고 "기뻐하고", 성령을 받는다. 그리고 부활한 예수는 그에게 사명을 주어 파송한다(요한 20:21~22). 부활 주일 저녁에 제자들과 함께하지 않았던 "쌍둥이라고 불리는" 도마는 예수의 부활에 강한 의심을 보인다. 그러나 일

주일이 지나 그는 부활한 그리스도를 보고 고백한다.

나의 주님, 나의 하느님! (요한 20:24~29)

그런데 갑자기 베드로, 도마와 함께 다섯 제자는 마치 예수가 한 번도 존재하지 않았고, 예수로 인해 그들의 삶이 전혀 바뀌지 않은 것처럼 물고기를 잡는다. "나는 고기를 잡으러 가겠소"(요한 21:3)라는 베드로의 말은 그가 최근까지 예수와 맺은 관계를 무시하거나 심지어 부정하는 것처럼 보인다. 혹은, 적어도 베드로와 동료 제자들이 앞으로 세상에서 어떤 사명을 감당해야 할지 확신하지 못하고 있음을 보여 준다. 그럼에도 불구하고, 본문은 우리에게 다른 복음서에서 알 수 있는 사실을 떠올리게 한다. 즉 베드로와 "제배대오의 아들들"(요한 21:2)이 어부였다는 사실(마르 1:16~20)이다. 그들은 다시 자신들의 옛 직업으로 돌아가 있다.

요한복음서 마지막 장은 요한이 부활한 예수가 제자들에게 다시 나타났음을 밝히면서 시작된다.

그 뒤에 예수께서 디베랴 바다에서 다시 제자들에게 자기를 나타내셨는데, 그가 나타나신 경위는 이러하다. (요한 21:1)

요한에 따르면 이는 부활 후 예수의 세 번째 현현이며(요한 21:14), 막달라 마리아에게만 나타난 것을 포함하면 네 번째다(요한 20:11~18). 요한복음서 21장 1절과 14절에서는 "나타나다"라는 말이 세 번 쓰였는데, 물을 포도주로 바꾸는 이야기 끝에도 같은 말이 나온 적이 있다.

> 예수께서 이 첫 번 표징을 갈릴리 가나에서 행하여서 자기의 영광을 나타내셨다. 그래서 그의 제자들은 그를 믿었다.
>
> (요한 2:11)

다시 한번, 과거에 일어난 사건이 상기된다. 갈릴리에서 예수가 자신의 영광을 나타내기 위해 첫 번째 표징을 행했듯 갈릴리에서 부활한 예수는 자신을 "주님"으로 나타낸다.

> 예수가 사랑하시는 제자가 베드로에게 "저분은 주님이시다"하고 말하였다. 시몬 베드로는 주님이시라는 말을 듣고서, 벗었던 몸에다가 겉옷을 두르고, 바다로 뛰어내렸다. (요한 21:7)

> 예수께서 그들에게 말씀하셨다. "와서 아침을 먹어라." 제

자들 가운데서 아무도 감히 "선생님은 누구십니까?"하고 묻
는 사람이 없었다. 그가 주님이신 것을 알았기 때문이다. (요
한 21:12)

부활한 예수는 "동틀 무렵"(요한 21:4) 자신을 나타낸다. 새벽
이 밝아 오고 어둠이 물러가는 그곳에 그는 서 있다. 이 장면
은 예수가 맹인을 치유한 사건(요한 9:1~39)과 그가 했던 선언
을 떠올린다.

나는 세상의 빛이다. (요한 9:5)

요한복음서 마지막에 나오는 봄의 새벽은 독자를 복음서의
시작으로 인도한다. 그곳에서는 빛이 어둠 속에서 빛나며 모
든 사람에게 빛과 생명을 준다고 말한다.

모든 것이 그로 말미암아 창조되었으니, 그가 없이 창조된
것은 하나도 없다. 창조된 것은 그에게서 생명을 얻었으니,
그 생명은 사람의 빛이었다. 그 빛이 어둠 속에서 비치니,
어둠이 그 빛을 이기지 못하였다. ... 참 빛이 있었다. 그 빛
이 세상에 와서 모든 사람을 비추고 있다. (요한 1:3~5, 9)

요한복음서 마지막 장에서 일곱 제자는 밤새도록 물고기를 잡으려 하지만, 아무것도 잡지 못한다. 이제 낯선 이가 강변에 나타나 배 오른편으로 그물을 던지라 말한다. 제자들은 그 말대로 하고, 물고기를 153마리나 낚는다(요한 21:6, 8, 11). 이는 충만함을 상징하며, 복음서가 시작될 때 세상의 빛이 가져올 것이라고 약속(요한 1:4) "풍성한 생명"(요한 10:10)을 떠올리게 한다.[4]

네 복음서의 부활 이야기 중 요한복음서에만 등장하는 이 기적(혹은 기적에 가까운) 사건은 오병이어 사건(요한 6:1~5)을 떠올린다. 오병이어 표적 이후 가르침에서 예수는 사람들이 자신에게로 이끌린다고, 혹은 끌어올려진다고 말한다(요한 6:44). 여기서 쓰인 "끌어올린다"는 말은 뒤에 예수가 한 약속에서 다시 등장한다.

내가 땅에서 들려서 올라갈 때에, 나는 모든 사람을 내게로

---

4 그리스 생물학자들은 물고기가 153종으로 이루어져 있다고 생각했던 것 같다. 이러한 맥락에서 요한복음서 21장에 나오는 낚시는 제자들이 예수의 도움을 받아 "모든 종류의" 물고기를 낚았다는 것을 상징한다. 이에 대한 자세한 내용은 다음을 참조하라. Rudolf Schnackenburg, *The Gospel According to John*, vol. 3 (London and Tunbridge Wells: Burns and Oates, 1982), 35.

끌어올(문자 그대로 하자면 "끌어올릴") 것이다. (요한 12:32)

요한복음서 마지막 장에서 베드로가 물고기 153마리를 가득 담은 그물을 해변으로 "끌어올릴" 때도 같은 동사가 반복해서 사용된다. 이는 어부 베드로가 이제 다른 이들을 주님에게 "끌어올리는" 일(마르 1:17), 혹은 "흩어져 있는 하느님의 자녀를 한데" 모으는 일(요한 11:52)에 참여하게 되었음을 가리킨다. 커다란 물고기를 그토록 많이 담고 있음에도 그물이 끊어지지 않는 놀라운 일은 예수가 모두를 "한 목자 아래에서 한 무리 양 떼"가 모이는 심상을 들어 약속했던 신자들의 연합(요한 10:16)을 생각나게 한다. 물고기와 양이라는 심상은 다르지만, 그 의미는 같다.

땅에 다다른 제자들은 예수가 그들을 위해 물고기와 빵을 준비해 놓은 모습을 본다.

그들이 땅에 올라와서 보니, 숯불을 피워 놓았는데, 그 위에 생선이 놓여 있고, 빵도 있었다. (요한 21:9)

이 구절 이외에, 복음서 어디에서도 예수가 음식을 직접 준비하는 모습은 등장하지 않는다. 하지만 여기서 부활한 예수는 마치 요리사처럼 식사를 차려 놓는다. 그리고 이어서 그는 오병이어 사건 때 했던 말과 행동을 연상케 하는 말과 행동(요한 6:8~11)을 하며 제자들이 잡은 물고기 중 일부를 가져오라고 한다(요한 21:10). 그는 오병이어 사건 때 그러했듯 빵과 물고기를 "들어서" 제자들에게 "준다"(요한 21:13). 이런 묘사를 통해 요한은 다정하게 독자들이 과거의 이야기들을 되새기는 길로 초대한다. 본문은 우리가 이미 경험했던 은총을 다시 기억함으로써 새로운 감동을 느끼게 한다.

많은 독자는 요한복음서 21장에 등장하는 "예수가 사랑하는 제자"(요한 21:7, 20)가 최후의 만찬(요한 13:23)부터 빈 무덤 방문(20:2)까지 같은 표현으로 묘사된 제자와 같은 인물임을 안다. 또한, 독자들은 제자들이 아침 식사를 할 때 있던 "숯불"(요한 21:9)을 보며 베드로가 예수를 부인했던 대제사장의 뜰에 있던 숯불(요한 18:18, 25)을 떠올린다. 이러한 연결점들을 통해, 그리고 아침 바닷가에서 펼쳐지는 장면을 통해 요한은 베드로와 우리 자신을 새롭게 바라볼 수 있게 해 준다. 상처 입고 망가진 과거가 다시 떠오를 때, 예수는 사랑으로 이를 치유하고 구원한다.

요한복음서 21장 20절이 최후의 만찬을 분명하게 가리키고 있음에도 불구하고 우리는 바닷가에서의 아침 식사가 과거 식사와 관련된 상처들을 치유함을 놓치기 쉽다. 과거 식사와 관련된 기억들에는 예수에 대한 치명적인 위협(요한 12:1~11), 예수의 발에 향유를 붓는 것을 두고 일어난 논쟁(요한 12:4~8), 예수에 대한 배반(요한 13:21~30), 혼인 잔치에서 포도주가 떨어졌을 때의 오해(요한 2:3~4)가 들어 있다. 여기서 오병이어(요한 6:1~15)도 중요한 의미를 갖는다. 이 기적은 생명의 빵에 관한 가르침으로 이어지고, 많은 제자가 예수를 떠나고 유다의 배신에 대한 첫 번째 경고로 마무리된다(요한 6:25~71). 부활절 아침 식사는 사랑과 치유라는 방식으로 과거 식사들과 관련된 모든 위기를 씻어 낸다. 또한, 이 식사는 앞으로 교회가 거행할 성찬 가운데 우리의 구원자 예수가 함께함을 약속한다.

요한복음서 독자 대부분은 세 번에 걸친 베드로의 사랑 고백(요한 21:15~17)이 전하는 의미를 어느 정도 알고 있다. 베드로는 자신의 죄와 실패를 인정하고 받아들여야 했다. 과거 자신이 저질렀던, 예수에 대한 세 번의 부정(요한 18:15~17)을 뒤로하고, 그는 사랑으로 용서받고 회복된다. 분명 이 고백은 이전의 부정에 상응한다. 그러나 여기서 끝이 아니다. 이 이야기는 회복과 관련해 좀 더 풍성한 의미를 담고 있다.

요한복음서가 시작될 때부터 예수는 여러 사람과 집단을

향해 질문을 던진다.

너희는 무엇을 찾고 있느냐? (요한 1:38)

너희도 떠나가려느냐? (요한 6:67)

그러나 복음서 마지막 부분에서 예수는 단 하나의 질문만을 반복하며, 베드로에게는 세 번에 걸쳐 그 질문을 던진다.

네가 나를 사랑하느냐?

마지막 장에서 예수는 다시금 질문을 던지고 그 질문은 더 깊어진다. 사랑으로 질문을 던지는 예수를 만나 베드로는 용서받고 이 땅에서 자신이 계속해야 할 사명을 받는다.

베드로가 예수를 처음 만났을 때, 예수는 베드로를 "요한의 아들, 시몬"(요한 1:42)이라 불렀다. 부활 후에 마지막으로 만났을 때도 예수는 이 호칭을 세 번 반복한다(요한 21:15~17). 선한 목자와 양의 비유에서 신한 목자는 양의 이름을 부른다(요한 10:1~8). 이제 베드로는 주님의 양들을 먹이라는 사명을 받는다. 요한복음서 21장 초반에 나오는 엄청난 양의 물고기

잡이를 통해 요한은 '내 그물을 던져 내 물고기를 잡으라'는 식의 선교를 강조하는 이야기를 할 수도 있었다. 하지만 그는 물고기를 잡는 심상 대신 양 떼를 돌보는 목자의 심상을 선택했고, 목자의 역할을 위험, 심지어 죽음까지 감내하는 것으로 그린다(요한 10:11~15, 17~18). 베드로가 받은 사명은 결국 그를 양 떼를 위한 순교로 이끌 것이다(요한 21:18~19). 어디로 갈 것인지, 어디에 머무를 것인지를 결정하는 것은 더는 그의 몫이 아니다(요한 6:67~68). 그는 자신이 원치 않는 곳으로 끌려갈 것이다(요한 21:18~19). 요한복음서 초반에 빌립이 그랬듯(요한 1:43), 베드로도 마지막에 단순하면서도 근본적인 제자의 길로 부름받는다.

나를 따라라. (요한 21:19, 22)

요한복음서는 베드로가 끝내 순교로 이어질 활동을 시작하기 전에 먼저 그의 과거가 치유받는 과정을 보여 준다. 지금까지 살펴보았듯 마지막 장에서 요한은 예수의 수많은 활동, 심지어 복음서의 서론까지 거슬러 올라가는 많은 장면을 상기한다. 이 과정에서 베드로는 예수가 수난받는 동안 자신이 저질렀던 부끄러운 일, 실패까지 다시 마주한다. 그의 과거는 부정할 수 없고 드러난다. 하지만 그 과거는 용서받고 사랑으로 구원받는다. 이 사랑의 치유가 베드로의 새로운 삶을 위한 토대가 된다.

요한복음서 21장은 베드로가 고기를 잡으러 나가는 모습으로 시작한다. 이때 그는 최근 겪은 일들을 곱씹으며 의미를 찾으려는 듯 잠시 시간을 내는 것처럼 보인다. 적어도 그 순간만큼은 하느님의 계획이 그의 삶에서 잠시 멈춘 것 같다. 그러나 주님은 새벽에 나타나 베드로의 망가지고 상처 가득한 과거를 치유하고, 순교의 길로 이어질 위대한 사명을 맡긴다.

> 내가 진정으로 진정으로 네게 말한다. 네가 젊어서는 스스로 띠를 띠고 네가 가고 싶은 곳을 다녔으나, 네가 늙어서는 남들이 네 팔을 벌릴 것이고, 너를 묶어서 네가 바라지 않는 곳으로 너를 끌고 갈 것이다. 예수께서 이렇게 말씀하신 것은, 베드로가 어떤 죽음으로 하느님께 영광을 돌릴 것인가를 암시하신 것이다. 예수께서 이 말씀을 하시고 나서, 베드로에게 "나를 따라라!" 하고 말씀하셨다. (요한 21:18~19)

이런 치유와 구원의 과정은 요한복음서를 읽는 우리에게도 일어날 수 있다. 우리가 요한의 이야기에 깊이 참여했다면, 그 이야기 속 예수와 깊이 동행했다면, 마지막 장은 우리에게도 같은 치유와 구원을 가져올 것이다. 이 장은 과거에 우리가 예수와 만났던 일들을 되살려, 그 과거를 치유하고 구원할 것이다. 베드로와 마찬가지로 우리에게도 "나를 따라라"라는 말씀은 우리의 기억을 되살리고, 치유하고, 새로운 삶을 시작하게 한다.

요한복음서 21장을 이러한 방식으로 이해하면 많은 독자가 왜 이 장에서 깊은 울림을 느끼는지를 설명할 수 있다.[5] 어떤 면에서 독자인 우리는 이 모든 이야기를 이미 알고 있는 듯한 느낌을 받는다. 우리 삶과 요한복음서 마지막에 나오는 내용 사이에는 묘한 연결점이 있다. 이 장은 우리의 뼈 아픈 기억과 상처 입은 과거를 표면으로 끌어올린다. 요한은

---

[5] 요한복음서 마지막 장을 이런 관점으로 접근하다 보니, 슈나켄부르크 Schnackenburg가 자기 저서의 한 장에 붙인 장 제목이 아쉽게 느껴진다. Rudolf Schnackenburg, 'The Problems thrown up by John 21', *The Gospel According to John*, 341~74. 이 위대한 성서학자는 요한복음서 21장에 담긴 풍요로운 영적 의미를 탐구하기보다는 이 장을 단순한 후기로 보느냐 편집자의 분명한 의도가 담긴 결론이냐는 학문 논쟁을 해결하는 데 더 많은 관심을 기울인 듯하다. 이 장의 해석과 관련해서는 나는 로완 윌리엄스Rowan Williams에게 더 큰 빚을 지고 있다. Rowan Williams, *Resurrection: Interpreting the Easter Gospel* (London: Darton, Longman and Todd, 2002).

이런 기억들이 부활한 주님의 사랑을 통해 새로운 시작이 될 수 있다고 말한다. "나를 따라라"고 말씀하셨기에 주님은 우리의 목표이며, 동시에 우리에게 필요한 힘이 되신다. 그분이 우리와 함께하신다.[6]

마지막 장에서는 마태오, 루가, 요한복음서의 부활 이야기가 십자가에 달린 예수의 부활이 하느님에 관해 무엇을 보여주는지, 우리와 우리 세상을 위해 이루어진 구원에 대해 무엇을 말하는지를 살펴보았다. 세 복음서 저자들은 구원을 생명의 승리, 죄인들의 화해, 사랑을 통한 기억의 치유로 제시한다. 부활 본문에서 우리는 구원, 속죄, 변화시키는 사랑이라는 일관된 흐름을 발견할 수 있다.

사랑에는 나름의 근거와 논리가 있고, 그 사랑을 통해 우

---

6 존 리스트John Rist가 제시하는 몇 가지 견해는 요한복음서 21장에서 드러난 구원하는 사랑과 일맥상통한다. 리스트에 따르면 "오직 사랑만이 우리 과거에 대한 책임을 지도록 만들 수 있다. 그 책임을 지지 않는다면, 우리 삶을 하나의 '이야기'로 완성하는 것은 불가능하다". John Rist, *Real Ethics* (Cambridge: Cambridge University Press, 2002), 108. 나는 부활한 그리스도가 사랑으로 베드로가 자신의 과거에 책임을 지게 인도한다고 말해왔다. 이 사랑으로 인해 베드로는 분열된 자아를 극복하고 순교를 통해 마침내 자신의 삶을 하나의 이야기로 완성할 수 있었다. 여기에 부활한 그리스도의 사랑이 요한복음서의 독자에게도 같은 영향을 미친다는 주장을 덧붙인다. 이 복음서를 읽는 이들도 자신의 삶을 하나의 이야기로 완성할 것을 요구받는다.

리는 세상을 더 깊이 이해하게 된다. 하지만 진실로 무언가를, 누군가를 사랑한다면 사랑하는 이는 자신이 사랑하는 상대의 모든 것을 온전히 알 수 없다는 것도 알고 있다. 그래서 때로는 너무 많은 말을 하기보다 침묵하는 편이 더 나을 때가 있다. 『반지의 제왕』The Lord of the Rings에서 갑자기 돌아온 간달프를 보고 그의 친구들이 그랬던 것처럼.

> 그들은 경이로움과 기쁨, 두려움 사이에 있었으며, 할 말을 찾지 못했다.[7]

그리스도의 부활은 우리가 할 수 있는 그 어떤 설명, 모든 설명, 그 모든 설명을 합친 것보다 훨씬 더 위대하고 경이롭다. 우리는 어느 순간 더는 말로 표현할 수 없는 지점에 도달한다. 그때 우리가 할 수 있는 일은 침묵 가운데 경외하는 것뿐이다. 죽은 자 가운데서 살아나신 분 앞에서, 하느님의 새로운 창조가 시작된 그 경이로운 순간 앞에서.

---

7   J.R.R.Tolkien, *The Lord of the Rings*, II, The Two Towers (London: George Allen and Unwin, 1954), 98. 『반지의 제왕』(아르떼).

후기

    원고를 다시 읽으니 새로운 질문들이 떠오르고 좀 더 생각해 볼 만한 부분이 보였다. 이 후기에서는 이를 나누어 보려 한다. 1장을 되돌아보니 누군가는 어떤 유비가 부활 신앙에 유익한지, 유익하지 않은지 질문을 던질 수 있겠다는 생각이 들었다. 초기 그리스도교인들은 예술과 예배를 통해 그리스도의 부활과 성서 이야기들(창조, 이집트 탈출, 요나가 구원받은 사건)의 유비를 발전시켰다. 이들은 성서를 잘 알고 있었고 세례와 성찬이 예수의 죽음, 매장, 부활을 '재현'하고 있음을 알았으며, 또 체험했다. 그러나 오늘날 부활한 그리스도의 현현과 사별 경험 사이에서 유사성을 찾으려는 시도들은 문제가 있다. 1장에서 논의한 것 외에도 이런 시도들이 문제가 있는 이유는 애초에 이런 시도를 할 때 그 목적이 공동체의 예배를 더 풍요롭게 하기 위해서가 아니라 그리스도 부활의 유일무이함을 약화하기 위해서기 때문이다. 유비를 쓸 때는 둘의 유사성과 차이 모두를 세심히 살펴보아야 한다. 출처가 무엇이든, 무엇을 유비로 쓰든 세심한 검토를 통해서만 부활 신앙의 이해를 돕는 유비와 혼란을 일으키는 유비를 구별할 수 있다. 내가 보기에 1장에서 제시했던 자연, 성서, 전례의 유비 외에도 주목할 만한 또 다른 유비가 있다면 현대의 무력한 희생자들이 역설적으로 보여주는 사랑, 기쁨, 자유, 희망의 경험이다. 그들의 삶은 부활 메시지를 더욱 신뢰할 만하게 만든다.[1]

2장, 그리고 3장에서 나는 부활 신앙의 '내부자'로서 말했다. 의심할 여지 없이, 내부자들의 경험만 중시하면 '나는 나와 의견이 같은 이들하고만 대화한다'는 태도를 지닐 수 있다. '외부자'들의 도전과 비판에 귀를 닫고 그리스도교 신앙, 부활 신앙에 대한 합리적인 설명은 불가능하거나 심지어 필요하지 않다고 이야기할 수 있다. 1~2장, 그리고 3장 초반부에서 믿음이 없는 외부자와의 대화를 시도한 것은 이런 문제

---

1 다음을 참조하라. Jon Sobrino, *Christ the Liberator*, 71~3.

에 빠지지 않기 위해서다.

　이런 대화를 할 때는 핵심 쟁점을 계속해서 잘 짚어야 한다. 이 경우 핵심 문제는 신자들이 지금도 영광스럽게 살아 있다고 믿고 또 경험하는 '누군가'를 믿느냐, 믿지 않느냐다. 우리가 누군가를 믿을 때는 보통 어느 정도 그럴 만한, 그러나 완전하거나 완벽하지는 않은 이유가 있다. 이유가 완전하고 완벽하다면 오히려 우리는 자유 가운데 그를 신뢰하기 어려워진다. 신뢰하는 관계는 자유 안에서 이루어진다. 어떤 증거에 압도당해 누군가를 받아들이게 되면 이는 신뢰 관계라 할 수 없다. 댄 콘 셔복Dan Cohn-Sherbok이 상상한 "견고하고, 확실하며, 객관적인 증거"는 오히려 예수에 대한 신앙의 가능성을 배제한다.

　예수가 영광스러운 구름을 타고 천사 무리에 둘러싸인 채 나타나 모든 이에게 자신이 메시아임을 선포한다면 분명 설득력이 있을 것이다. 다만, 이런 일은 공적인 영역에서 일어나야 한다. 이런 일은 수많은 사람이 목격하고, 사진으로 찍고, 비디오 카메라로 녹화하고, 텔레비전에 중계해야 하고, 전 세계 신문과 잡지가 보도해야 한다. 예수의 출현은 전 세계적인 사건이 되어야 하며, CNN을 비롯한 여러 국가의 방송 매체들을 통해 송출되어야 한다. 또한, 예수의 등장으로 인해, 여러 경전에 기록된 모든 예언이 성취되고, 유배된 이들이 귀환하고, 성전이 재건되고, 죽은 이들이 부활하고, 메시아의 날이 도래하고, 최후의 심판이 일어나야 한다. 그렇게 된다면, 나는 의심 없이 그리스도교의 메시지를 받아들이고, 부활한 그리스도를 따르는 사람이 될 것이다.[2]

이런 압도적인 증거는 자유롭게 예수를 따르는 이가 될 가능성을 오히려 배제하는 것처럼 보인다. 서복이 제시한 내용은 신뢰의 시간이 끝나고, 부활한 그리스도가 모든 이를 통치할, 그분이 주권자로서 만물을 통치할 종말의 시나리오에 가깝다.

3장을 살피며 부활은 어떤 이론도 온전히 설명할 수 없는 위대함이 있음을 다시 한번 되새겼다. 이 장에서 나는 부활이 단순한 지적 탐구의 대상이 아님을 보여주려 했다. 삶과 예배 가운데 이루어지는 인격적인 경험을 통해 우리는 부활한 그리스도께서 이루시는 구원의 힘을 느끼고 상상할 수 있게 된다.

---

2 Dan Cohn-Sherbok, 'The Resurrection of Jesus: A Jewish View', *Resurrection Reconsidered* (Oxford: Oneworld, 1996), 198.

증거만을 일방적으로 강조하는 윌리엄 클리포드 같은 이들과 논쟁할 때는 존 리스트가 '의견'과 '믿음'에 대해 남긴 통찰에 주목할 필요가 있다. 그는 말했다.

> 우리가 무언가를 옹호하는 견해를 제시하는 건 단지 그 견해가 순전히 논리적으로 타당해서가 아니다. 그 무언가가 우리에게 오랜 친구처럼 친숙하고 삶의 일부가 되었기 때문이다. 무언가를 지지하는 건 단순히 이성의 문제가 아니라 감정의 문제, 성격의 문제, 사랑의 문제이기도 하다.[3]

여기에 나는 삶의 문제이자, 무엇을 예배하느냐는 문제이기도 하다고 이야기하고 싶다.

4장을 읽으며 어떤 독자들은 빈 무덤의 역사성을 두고 어떤 논쟁이 일어났는지 좀 더 자세히 알고 싶어할지도 모르겠다. 이를테면, 고린토인들에게 보낸 첫째 편지 15장 3~5절에서 바울이 빈 무덤에 대해 언급하지 않은 건 어떻게 이해해야 할까? 바울은 "그리스도께서 성경대로 우리 죄를 위하여 죽으셨다는 것과, 무덤에 묻히셨다는 것과, 성경대로 사흘날

3　John Rist, *Real Ethics* (Cambridge: Cambridge University Press, 2002), 103.

에 살아나셨다는 것과, 게바에게 나타나시고 다음에 열두 제자에게 나타나셨다"는 전승을 전한다. 바울이 빈 무덤을 언급하지 않은 이유는 그가 그 사건을 전혀 알지 못했거나 그리 중요하지 않은 일로 여겨서일까?

이 문제는 바울이 예수의 비유, 예수가 펼친 기적, 예루살렘에서 예수가 십자가에 매달려 죽음을 맞이한 일처럼 중요할 뿐 아니라 역사적으로도 신뢰할 수 있는 세부 내용에 대해서도 언급하고 있지 않다는 것과 연결해서 생각해 봐야 한다. 빈 무덤을 언급하지 않았다는 이유로 바울이 빈 무덤 전승을 거부했다는 결론을 끌어낸다면, 우리는 그가 예수의 비유를 언급하지 않았으므로 예수의 비유도 거부했다는 결론을 끌어내야 한다. 하지만 이는 누구도 받아들이기 어려운 결론이다.

어떤 이들은 고린토인들에게 보낸 첫째 편지 15장을 다른 방식으로 해석해 빈 무덤 이야기를 거부하기도 한다. 이들에 따르면 15장에서 바울은 부활한 몸의 본질을 설명하며, 그리스도와 우리 모두에게 적용되는 내용을 말했다. 우리 몸은 무덤에서 부패하므로 예수의 몸도 그랬을 것이다. 바울이 우리 육체의 운명을 예수의 육체와 연결하는 건 그가 빈 무덤 이야기에 반대하는 증거라고 이들은 주장한다.

하지만, 바울은 우리와 그리스도의 연관성을 분명하게 언급하면서도, 양자가 완전히 동일하다고 말하지는 않는다. 그는 부활한 그리스도를 "생명을 주시는 영"(1 고린 15:45)이라 부르는데, 이는 우리에게 적용되지 않는다. 또한, 바울은 로마인들에게 보낸 편지 4장 25절에서 그리스도께서 "우리를 의롭게 하시려고 살아나셨다"고 말하지만, 우리가 다른 이들을 의롭게 하기 위해 살아났다거나 살아날 것이라고는 말하지 않는다. 즉 바울은 우리의 기대를 십자가에 달리고 부활한 그리스도에 연결하면서도, 둘을 분명히 구분한다. 그의 이야기에는 죽음 직후 무덤에 묻힌 그리스도의 시신이 실제로 부활했을 가능성이 있다. 바울은 우리에게 일어날 일이 그리스도에게 일어난 일과 정확히 일치한다고 주장하지 않았다.

4장에서 살펴보았듯 1세기 유대교에는 부활을 믿는 이들이 있었다. 여러 가지 면에서 차이가 있었지만, 적어도 매장된 몸과 별도로 이루어지는 부활을 기대하지 않았다는 점에서 이들은 일치한다. 당시 사람들에게는 빈 무덤이 없으면 부활도 없었다. 판넨베르크는 이를 비롯한 여러 가지 이유를 들어 올바르게 말했다.

예수의 부활을 이야기할 때 명시적으로 언급하지 않았더라도 빈 무덤은 바울의 이야기에 포함되어 있다. 그는 예수의 몸이 더는 무덤에 있지 않다는 사실을 전제하고 있다.[4]

여러 성서학자는 예수가 "무덤에 묻히셨다"(1고린 15:4)는 바울의 진술과 세례를 "그리스도와 함께 묻히는 것"(로마 6:3~4)에 대한 상징으로 보는 바울의 이해 사이에 연관이 있다고 본다. 두 구절을 함께 살펴보면, 아리마태아 사람 요셉이 예수를 품위 있게 매장했다는 기록과 일관성이 있음을 알 수 있다. 일부 학자는 여기서 더 나아가 세례받은 사람이 물에서 나오는 것과 그리스도가 무덤에서 영광스럽게 나오는 것의 유사성을 강조하기도 한다. 이러한 해석도 타당성이 있다. 다른 무엇보다 1세기 유대인의 눈으로 고린토인들에게 보낸 첫째 편지를 읽는다면 바울에게 부활은 당연히 빈 무덤을 의미했음을 부정하기는 힘들다.

마지막으로 5장에서 다룬, 구원을 이야기로 풀어내는 신학은 마태오 복음서를 통해 좀 더 풍요롭게 발전시킬 수 있

---

4 Wolfhart Pannenberg, *Systematic Theology*, vol. 2 (Edinburgh: T. & T.Clark, 1994), 359. 『조직신학 2』(새물결플러스). 그리고 다음을 참조하라. Gerald O'Collins, *Christology* (Oxford: Oxford University Press, 1995), 94~5.

다. 십자가에 못 박힌 그리스도의 부활로 시작된 구원은 단지 개인의 육체적 차원에 머무르지 않고 사회와 우주의 차원까지 확장된다. 마태오복음서에서 십자가형과 부활이 일어날 때 쓰인 지진이라는 종말의 심상(마태 27:50~54, 28:2)은 이사건들이 앞으로 다가올 보편적인 종말, 보편적인 부활의 시작임을 보여준다. 이를 강조하기 위해 마태오는 그리스도의 죽음과 부활 때 "많은 성도"가 부활해 사람들에게 나타났다고 말한다(마태 27:52~53). 이렇게 그는 구원이 사회에, 우주에까지 이름을 분명히 드러낸다. 마태오가 복음서 마지막에 기록한 '대위임령'에서도 이러한 구원의 포괄적 성격을 엿볼 수 있다. 이때 그리스도는 모든 것을 아우르는 보편적인 언어를 구사한다.

나는 하늘과 땅의 모든 권세를 받았다. 그러므로 너희는 가서, 모든 민족을 제자로 삼아서, 아버지와 아들과 성령의 이름으로 세례를 주고, 내가 너희에게 명한 모든 것을 그들에게 가르쳐 지키게 하여라. 보아라, 내가 세상 끝 날까지 항상 너희와 함께 있을 것이다. (마태 28:18~20)

이 책에서는 예수, 하느님, 세계, 그리고 우리 자신에 대한 진실을 드러내고, 이곳과 이곳 너머에서 우리 삶을 변화시킬 것을 약속하는 부활 신앙에 대해 성찰해 보았다. 십자가에 달린 이의 부활은 그리스도인이라는 정체성과 삶의 방식을 빚어냈을 뿐만 아니라, 온 인류의 정체성과 삶의 방식을 영원히 바꾸어 놓았다. 이 거대한, 우주적인 진리를 우리의 삶에서 깨닫는 것, 인격적인 체험을 통해 부활한 예수를 아는 것은 매우 중요하다. 예수 그리스도 없이는 그 무엇도 참된 가치를, 영원의 차원을 입지 못한다.

> 내 주 예수 그리스도를 아는 지식이 가장 고귀하므로, 나는 그 밖의 모든 것을 해로 여깁니다. 나는 그리스도 때문에 모든 것을 잃었고, 그 모든 것을 오물로 여깁니다. 나는 그리스도를 얻고, 그리스도 안에 있는 사람으로 인정받으려고 합니다. 나는 율법에서 생기는 나 스스로의 의가 아니라, 그리스도를 믿는 믿음으로 말미암아 오는 의 곧 믿음에 근거하여, 하느님에게서 오는 의를 얻으려고 합니다. 내가 바라는 것은, 그리스도를 알고, 그분의 부활의 능력을 깨닫고, 그분의 고난에 동참하여, 그분의 죽으심을 본받는 것입니다. 그리하여 나는 어떻게 해서든지, 죽은 사람들 가운데서 살아나는 부활에 이르고 싶습니다. (필립 3:8~11)

분명 부활 신앙은 이를 믿는 이에게 많은 것을 요구한다. 그러나 어떠한 대가도 기꺼이 감내할만 하다. 비트겐슈타인이 말했듯 이 신앙은 그리스도가 부활했다는 복된 소식에 "믿음으로, 즉 사랑으로" 응답하는 것이기 때문이다. 그는 말했다.

부활을 믿는 것은 곧 사랑하는 것이다.[5]

---

5   Ludwig Wittgenstein, *Culture and Value* (Oxford: Basil Blackwell, 1980), 32c, 33c.

■ 현대 부활 관련 저서들

· P. Avis (ed.), **The Resurrection of Jesus Christ** (London: Darton, Longman and Todd, 1993)

· S. Barton, G. Stanton (eds.), **Resurrection** (London: SPCK, 1994)

· R. E. Brown, **The Virginal Conception and the Bodily Resurrection of Jesus** (New York: Paulist Press, 1973)

· P. F. Carnley, **The Structure of Resurrection Belief** (Oxford: Clarendon, 1987)

· D. Catchpole, **Resurrection People: Studies in the Resurrection Narratives of the Gospels** (London: Darton, Longman and Todd, 2000)

· S. T. Davis, **Risen Indeed: Making Sense of the Resurrection** (London: SPCK, 1993)

· S. T. Davis, D. Kendall, G. O'Collins (eds.), **The Resurrection** (Oxford: Oxford University Press, 1997)

· G. D'Costa (ed.), **Resurrection Reconsidered** (Oxford: Oneworld, 1996)

· C. F. Evans, **Resurrection and the New Testament** (London: SCM Press, 1970)

· R. H. Fuller, **The Formation of the Resurrection Narratives** (London: SPCK, 1972)

· R. Greenacre, J. Haselock, **The Sacrament of Easter** (Leominster: Gracewing, 1995)

· J. P. Heil, **The Death and Resurrection of Jesus** (Minneapolis: Fortress, 1991)

· C.S.Keener, **A Commentary on the Gospel of Matthew** (Grand Rapids, Mich: Eerdmans, 1999)

· H. Kessler, **La risurrezione di Gesù Cristo** (Brescia: Queriniana, 1999)

· X. Léon Dufour, **Resurrection and the Message of Easter** (London: Geoffrey Chapman, 1974)

· C. F. D. Moule (ed.), **The Significance of the Message of the Resurrection for Faith in Jesus Christ** (London: SCM Press, 1968)

· K. Osborne, **The Resurrection of Jesus** (Mahwah, NJ: Paulist Press, 1997)

· W. Pannenberg, **Systematic Theology, vol. 2, 3** (Edinburgh: T. & T. Clark, 1994, 1998) 『조직신학 2,3』(새물결플러스)

· P. Perkins, **Resurrection** (London: Geoffrey Chapman, 1984)

· K. Rahner, **Foundations of Christian Faith** (New York: Seabury, 1978) 『그리스도교 신앙 입문』(분도출판사)

· J. Sobrino, **Christ the Liberator** (Maryknoll, NY: Orbis, 2001) 『해방자 예수』(메디치미디어)

· R. Swinburne, **The Resurrection of God Incarnate** (Oxford: Oxford University Press, 2003).

· A. C. Thiselton, **The First Epistle to the Corinthians** (Carlisle: Paternoster, 2000) 『NIGTC 고린도전서 상, 하』(새물결플러스)

· R. Williams, 'Resurrection', **The Oxford Companion to Christian Thought** (Oxford: Oxford University Press, 2000), 616-18.

· R. Williams, **Resurrection: Interpreting the Easter Gospel** (London: Darton, Longman and Todd, 2002)

· N. T. Wright, **The Resurrection of the Son of God** (London: SPCK, 2003) 『하나님의 아들의 부활』(크리스챤다이제스트)

■ 제럴드 오콜린스가 쓴 부활 관련 저서들

· **The Easter Jesus** (London: Darton, Longman and Todd, 1973, 1980(2판))
· **What Are They Saying About the Resurrection?** (New York: Paulist Press, 1978)
· **Jesus Risen: An Historical, Fundamental and Systematic Examination of Christ's Resurrection** (New York: Paulist Press, 1987)
· **Interpreting the Resurrection: Examaining the Major Problems in the Stories of Jesus' Resurrection** (New York: Paulist Press, 1988) 『부활해석』(대전 가톨릭대학교 출판부)
· **The Resurrection of Jesus Christ: Some Contemporary Issues** (Milwaukee, Wis.: Marquette Univ Press, 1993)

ㄱ

게르트 뤼데만 Gerd Lüdemann(1946~2021) 18, 19, 20, 21, 42, 43, 44, 66, 102

독일의 개신교 신학자이자 성서학자. 괴팅엔대학교에서 신학을 공부하여 박사학위를 받았으며, 이후 미국 듀크대학교에서 윌리엄 데이비스William David Davies의 지도를 받았다. 캐나다 맥매스터 대학교, 미국 밴더빌트 신학대학원 교수직을 거쳐 1983년부터 2011년 은퇴할 때까지 괴팅엔대학교에서 신약학과 초기 그리스도교 역사와 문학을 가르쳤다. 예수 세미나 회원으로 활동하면서 신약성서를 철저하게 역사비평의 관점에서 연구했으며, 그리스도교 신앙을 입증할 만한 역사적 증거가 없다는 불가지론적 입장을 보였다. 주요 저서로 복음서를 한 구절씩 검토한 연구서인 『2천 년 후의 예수』Jesus nach 2000 Jahren, 『신약성서 연구를 위한 번역』 Arbeitsübersetzung des Neuen Testaments, 『바울, 그리스도교의 창시자』 Paulus, der Gründer des Christentums 등이 있다. 한국에는 『사도행전』(솔로몬)이 소개된 바 있다.

고트홀트 에프라임 레싱 Gotthold Ephraim Lessing(1729~1781) 82, 84, 85

독일 계몽주의를 대표하는 극작가이자 철학자. 라이프치히대학교에서 의학과 신학을 배웠으나 연극에 관심을 갖게 되면서 인문

학자이자 극작가의 길을 걷게 되었다. 독일 시민문학의 아버지, 독일적 문화 패러다임의 진정한 구현자로 평가받으며 당대 문학, 철학, 신학에 깊은 영향을 미쳤다. 역사적 진실이 보편적 진리를 증명할 수 없다는 것을 강조하며 계시, 성서에 대한 의문을 제기했으며, 역사적 예수 연구를 개척했던 헤르만 라이마루스Hermann Reimarus의 유고집을 발표하면서 근대 이성에 기초한 종교 논쟁을 촉발했다. 주요 작품으로 종교와 사상에 대한 관용을 강조한 비극 『현자 나탄』(지만지), 독일 최초의 시민 비극으로 평가받는 『미스 사라 샘슨』(지만지), 『에밀리아 갈로티』(지만지), 『민나 폰 바른헬름』(성신여자대학교출판부) 등이 있다.

ㄹ

루돌프 불트만 Rudolf Bultmann(1884~1976) 75, 76

독일의 개신교 신학자이자 성서학자. 튀빙엔, 베를린, 마르부르크대학교에서 신학을 공부했으며 1921년부터 51년 은퇴할 때까지 마르부르크 대학교에서 신약학을 가르쳤다. 복음서 연구에 양식비평을 도입한 선구자로 평가받으며 현대인에게 복음서가 증언하는 참된 사건을 설명하기 위해 '탈신화화'를 제안한 것으로도 널리 알려져 있다. 주요 저서로 『예수』Jesus, 4권으로 이루어진 논문집인 『신앙과 이해』Glauben und Verstehen, 『예수 그리스도와 신화』(지우), 『공관복음서 전승사』(대한기독교서회), 『기독교 초대교회 형성사』(이화여자대학교출판문화원), 『신약성서신학』(성광문화사), 『요한복음서 연구』(성광문화사) 등이 있다.

루돌프 오토 Rudolf Otto(1869~1937) 44

독일 루터교 신학자이자 종교학자. 에를랑겐, 괴팅엔 대학교에서 신학을 공부했다. 1911년 세계를 여행하던 중에 타종교에 대한 관심을 갖게 되면서 종교학자로 활동하게 되었고, 브레슬라우, 마부르크 대학교에서 신학과 종교학을 가르쳤다. 거룩함을 마주할 때 인간이 느끼는 체험을 의미하는 누미노제numinose를 깊이 연구했으며, 칼 바르트Karl Barth, 폴 틸리히Paul Tillich, 칼 라너, 미르치아 엘리아데Mircea Eliade, 니니안 스마트Ninian Smart를 비롯하여 신학, 철학, 종교학에 광범위한 영향을 미쳤다. 주요 저서로는『자연주의와 종교의 세계관』Naturalistische und religiöse Weltansicht, 『인도와 그리스도교에서의 은혜의 종교』Die Gnadenreligion Indiens und das Christentum, 『하느님의 나라와 사람의 아들』Reich Gottes und Menschensohn 등이 있다. 한국에는 누미노제 개념을 제시한『성스러움의 의미』(분도출판사),『예수』(수와진),『동서 신비주의』(다르샤나)이 소개된 바 있다.

루돌프 페쉬 Rudolf Pesch(1936~2011) 149, 152, 153, 155
독일의 로마 가톨릭 평신도 신학자이자 성서학자. 본, 프라이부르크대학교에서 역사와 신학을 공부했다. 프라이부르크, 브라이스가우대학교에서 신약학을 가르쳤으며, 1984년 교수직을 사임한 뒤에는 가톨릭 통합 공동체CIC, 이스라엘 에큐메니컬 신학 연구 형제회Ecumenical Theological Research Fraternity in Israel에서 활동했다. 2008년 교황청 라테란 대학교의 사목 신학 연구소에서 하느님의 백성들을 위한 신학 석좌교수Chair for the Theology of the People of God를 역임했다. 마르코복음서와 사도행전 연구의 권위자로 평가받는다. 주요 저서로는 2권으로 구성된 성서주석인『마르코복음서』Das Markusevangelium와『사도행전』Die Apostelgeschichte,『유대인과 그리스도교인』Juden und Christen,『초기교회의 복음』Das Evangelium der Urgemeinde 등이 있다.

리처드 스윈번Richard Swinburne(1934~) 99, 100

영국의 그리스도교 철학자. 옥스퍼드 대학교 엑서터 칼리지에서 고전, 철학, 정치 및 경제학을 공부했으며, 킬 대학교와 옥스퍼드 대학교에서 그리스도교 종교철학을 가르쳤다. 분석철학과 과학 방법론을 종교철학에 적용하여 그리스도교 신앙의 주제들을 철학적으로 탁월하게 다루었으며, 그리스도교 신앙의 합리성을 소개하고 변증하는 데 힘썼다. 주요 저서로는 종교철학 3부작 『유신론의 정합성』The Coherence of Theism, 『신의 존재』The Existence of God, 『신앙과 이성』Faith and Reason과 그리스도교 교리 4부작 『책임과 속죄』Responsibility and Atonement, 『계시』Revelation, 『그리스도교의 신』The Christian God, 『섭리와 악의 문제』Providence and the Problem of Evil 등이 있다. 한국에는 『신은 존재하는가?』(복 있는 사람)가 소개되었다.

ㅂ

버나드 로너건Bernard Lonergan(1904~1984) 19

캐나다 출신의 로마 가톨릭 사제이자 신학자, 경제학자. 로욜라 칼리지, 히스롭 칼리지, 로마 교황청 그레고리오 대학교에서 신학을 공부했으며, 1936년에 사제 서품을 받았다. 토마스 모어 연구소, 토론토 대학교 레지스 칼리지, 교황청 그레고리오 대학교, 하버드 대학교에서 신학을 가르쳤다. 토마스 아퀴나스를 따라 현대 과학, 역사, 해석학적 사유를 수용하여 그리스도교 사유를 종합하고 확장하고자 했으며, 신학을 보편적인 학문으로 확립하기 위한 신학방법론을 정초하는 등 신학과 철학 분야에 깊은 영향을 남겼다. 주요 저서로는 그레고리오 대학교 교과서로 집필된 『삼위일체 하느님』De Deo Trino, 『그리스도의 존재론적, 심리학적 구성에 관하여』De Constitutione Christi Ontologica et Psychica,『성육하신 말씀에 관하여』De Verbo Incarnato 등이 있다. 한국에는『은총과 자유』(가톨릭출판사),『신학 방법』(가톨릭출판사)이 소개된 바 있다.

볼프하르트 판넨베르크 Wolfhart Pannenberg(1928~2014) 69, 70, 71, 72, 73, 74, 78, 79, 97, 98, 99, 112, 113, 147, 235

독일의 루터교 신학자. 베를린, 하이델베르크, 바젤 대학교 등에서 신학과 철학을 공부했다. 1953년 하이델베르크 대학교에서 둔스 스코투스의 예정론으로 박사학위를 받고 고대부터 중세까지 이르는 유비 개념의 역사를 연구한 논문으로 교수 자격을 취득했다. 부퍼탈, 마인츠 대학교를 거쳐 1968년 뮌헨 대학교 교수가 되어 은퇴할 때까지 조직신학을 가르쳤다. 교회일치운동에도 적극적으로 참여해 오랜기간 교회일치운동연구소 소장, 세계교회협의회의 신앙과 직제 위원회 회원으로 활동하며 로마 가톨릭과 개신교의 대화를 이끌었다. 조직신학, 인간학, 종교신학, 종교와 과학의 대화 등 다방면에 걸쳐 방대한 저술을 발표했으며 특히 3권으로 이루어진『조직신학』Systematische Theologie은 20세기 후반 신학계를 대표하는 저서로 꼽는다. 주요 저서로는『조직신학 1~3』(새물결플러스),『조직신학 서론』(비아),『인간이란 무엇인가?』(쿰란),『신학과 철학』(종문화사),『조직신학의 근본 물음들』Grundfragen systematischer Theologie,『학문이론과 신학』Wissenschaftstheorie und Theologie 등이 있다.

빌리 막센 Willi Marxsen(1919~1993) 24, 25, 66

독일의 개신교 신학자이자 성서학자. 킬 대학교에서 신학을 공부하고, 마르코복음서에 대한 연구 논문『복음서 기자 마르코』Der Evangelist Markus로 교수 자격을 취득한 뒤, 1961년부터 84년까지 뮌스터대학교에서 신약학을 가르쳤다. 불트만의 양식비평을 비판적으로 수용하면서, 그 한계를 극복하고자 한스 콘젤만Hans Conzelmann, 귄터 보른캄Günther Bornkamm과 함께 복음서 기자들의 삶의 자리Sitz im Leben를 탐구하는 편집 비평 방법을 창시한 인물로 알려져 있다. 그의 논문 『복음서 기자 마르코』는 마르코복음서에 대한 기념비적 연구로 평가받는다. 주요 저서로는 『초기 그리스도론에 관한 문제』Anfangsprobleme der Christologie, 『역사적, 신학적 관점으로 보는 예수의 부활』Die Auferstehung Jesu als historisches und als theologisches Problem, 『교회의 책 신약성서』Das Neue Testament als Buch der Kirche 등이 있다.

빌헬름 헤르만 Willhelm Herrmann(1846~1922) **75, 76, 81, 82**
독일의 루터교 신학자. 할레대학교에서 신학을 공부했으며, 니사의 그레고리우스의 구원관에 대한 논문으로 교수 자격을 취득했다. 할레대학교에서 신학을 가르치고, 1879년부터 24년간 마르부르크대학교에서 교수로 재직했다. 알브레히트 리츨Albrecht Ritschl를 만나면서 자유주의를 대표하는 조직신학자가 되었다. 칸트 철학과 슐라이어마허 신학에 깊이 천착하여 종교의 본질을 밝혀내는 데 관심을 가졌으며, 칼 바르트, 루돌프 불트만을 직접 가르치고 영향을 준 스승으로도 익히 알려져 있다. 주요 저서로는 『그리스도인과 하느님의 친교』Der Verkehr des Christen mit Gott, 『세계에 대한 앎과 도덕성과 관계된 종교』Die Religion im Verhältnis zum Welterkennen und zur Sittlichkeit 『윤리학』Ethik, 『그리스도교-개신교 교의학』Christlich-protestantische Dogmatik 등이 있다.

알베르트 슈바이처 Albert Schweitzer**(1875~1965) 44**

독일의 루터교 신학자이자 목사, 의사 및 음악가. 카이저 빌헬름 대학교(스트라스부르 대학교의 전신)에서 신학과 철학을 공부하여 칸트의 종교 철학에 관한 연구로 철학박사와 신학박사 학위를 받았으며, 이후에 의학을 공부하여 의학박사 학위를 받았다. 신학자로서 1906년 『예수 생애 연구사』Geschichte der Leben-Jesu Forschung를 출간했는데 이 저서는 당시까지 이루어지고 있던 자유주의, 낭만주의적 역사적 예수 연구를 비판하여 지금까지도 역사적 예수 연구의 분기점으로 평가받는다. 주요 저서로 『예수 생애 연구사』(대한기독교서회), 『사도 바울의 신비주의』(한들출판사), 『나의 생애와 사상』(문예출판사), 『물과 원시림 사이에서』(문예출판사) 등이 있다.

윌리엄 제임스 William James**(1842~1910) 117, 120, 121**

미국의 철학자이자 심리학자. 하버드대학교에서 화학과 의학을 배웠으며, 의학박사 학위를 취득했다. 1873년 잠시 해부학을 가르쳤으나, 1876년부터 은퇴하기까지는 하버드대학교에서 심리학과 철학을 가르쳤으며, 동대학교에 심리학 연구소를 설립했다. 환경에 대한 적응의 관점에서 인간의 정신 생활을 탐구하는 기능주의 심리학을 주창했으며, 찰스 샌더스 퍼스Charles Sanders Peirce, 존 듀이John Dewey와 함께 프래그머티즘pragmatism 철학을 시작한 인물로 평가받는다. 주요 저서로는 『심리학의 원리』(아카넷), 『실용주의』(아카넷), 『다원주의자의 우주』(아카넷), 『종교적 경험의 다양성』(한길사), 『근본적 경험론에 관한 시론』(갈무리), 『인생은 살아야 할 가치가 있는가?』(누멘) 등이 있다.

윌리엄 킹던 클리포드 William Kingdon Clifford(1845~1879) 104, 116, 117, 118, 119, 120, 121, 122, 123, 128, 233

영국의 수학자이자 철학자. 15세에 킹스 칼리지 런던에서 공부하고, 케임브리지 대학교 트리니티 칼리지에서 공부하였다. 1871년 런던대학교에서 수학을 가르치고, 1874년에는 왕립학회 회원으로 임명되었으나 1876년 결핵으로 사망했다. 젊은 나이에 요절했음에도 수학과 철학 분야에 크고 작은 영향들을 미쳤다. 그가 도입한 클리포드 대수Clifford algebra는 오늘날 수리 물리학, 기하학, 컴퓨팅 작업에서 더욱 중요한 개념으로 여겨지며, 종교를 강력하게 비판함으로 믿음에 대한 논쟁을 불러일으키기도 했다. 주요 저서로는 『과학적 사유의 목표와 방법에 관하여』On the aims and instruments of scientific thought, 『물질의 공간 이론에 관하여』, 『역동적인 원소들』Elements of Dynamic 등이 있다.

이블린 언더힐 Evelyn Underhill(1875~1941) 44

영국 성공회 신학자이자 문필가. 런던 킹스 칼리지에서 역사학과 식물학을 공부했으며 불가지론자에서 그리스도교로 회심한 뒤 평신도 신학자로 그리스도교 신비주의 및 영성 연구와 기도 모임 인도, 신앙 상담에 평생을 바쳤다. 20세기 성공회, 더 나아가 개신교계에 그리스도교 신비주의 전통의 가치와 영성, 영성 수련을 소개하고 되새긴 이로 평가받는다. 주요 저작으로 신비주의 분야의 고전으로 꼽히는 『신비주의』Mysticism, 예배학 분야의 고전으로 꼽히는 『예배』Worship와 더불어 『영성가의 기도』(비아), 『실천적 신비주의』(은성), 『영성생활』(누멘), 『성령의 열매』(누멘), 『사도 바울의 영성과 신비주의』(누멘) 등이 있다.

칼 라너Karl Rahner(1904~1984) 51, 52, 54, 56, 57

독일 출신 로마 가톨릭 사제이자 신학자. 뮌헨, 팔켄부르크, 프라이부르크, 인스부르크대학교에서 철학과 신학을 공부했으며, 1932년 사제 서품을 받았다. 잘츠부르크, 인스부르크, 뮌헨 대학교에서 그리스도교와 종교 철학을 가르쳤으며, 1967년부터 71년까지 뮌스터 대학교에서 교리 신학 학과장을 역임하다 은퇴했다. 인간의 초월적 경험에 기초하여 그리스도교 신학을 전개하였으며, '익명의 그리스도교인'anonymous Christians개념을 통해 그리스도교의 구원을 비그리스도교인에게까지 확장하여 타종교와의 대화를 시도했다. 이브 콩가르Yves Congar, 앙리 드 뤼박Henri de Lubac, 한스 우르스 폰 발타자르Hans Urs Von Balthasar와 함께 현대 로마 가톨릭 신학에 지대한 영향을 미친 인물이자, 제2차 바티칸 공의회 신학 자문 위원으로 활동하며 현대 로마 가톨릭 교회의 방향을 변화시킨 인물로 평가받는다. 주요 저서로 『그리스도교 신앙 입문』(분도출판사), 『오늘의 인간과 종교』(성바오로출판사), 『말씀의 청자』(가톨릭대학교출판부), 『그리스도론』(가톨릭출판사), 『세계 내 정신』(사회평론아카데미) 등이 있다.

크리스토퍼 프랜시스 에반스Christopher Francis Evans(1909~2012) 96, 99, 190

영국의 성공회 사제이자 신학자. 케임브리지 대학교 코르푸스 크리스티 칼리지에서 신학을 배우고 링컨 신학 대학에서 1년간 마이클 램지Michael Ramsey의 지도를 받았다. 이후 옥스퍼드 대학교 코르푸스 크리스티 칼리지, 더럼 대학교, 킹스 칼리지 런던에서 신약학을 가르쳤다. 영국에 양식비평을 소개한 에드윈 클레멘트

호스킨스 경Sir Edwyn Hoskyns의 영향을 받아 성서 비평과 그리스도교 신앙이 대립하지 않을 수 있다고 보았다. 20세기와 21세기 영국 성서학을 연결해주었던 교량과 같은 학자로 평가받는다. 주요 저서로는 일생에 걸쳐 작업한 루가복음서 해설서『성 루가』Saint Luke,『주의 기도』The Lord's Prayer,『부활과 신약성서』The Resurrection and the New Testament,『복음의 시작』Beginning of the Gospel 등이 있다.

ㅎ

혼 소브리노 Jon Sobrino(1938~) 137

스페인의 로마 가톨릭 사제이자 신학자. 세인트루이스 대학교에서 공학을, 독일 상트 게오르겐 철학과 신학대학원에서 철학과 신학을 공부하고 박사학위를 취득했다. 엘살바도르에서 예수회가 설립한 중앙 아메리카 대학교UCA에서 신학을 가르치고 있다. 대표적인 해방신학자로 엘살바도르 내전을 해결하기 위해 활동하는 가운데 군부의 표적이 되기도 했으며, 2007년 바티칸 신앙교리성이 그의 신학을 공개적으로 비판하면서 세계적인 주목을 받게 되었다. 주요 저서로는『예수 그리스도에 대한 믿음』La fe en Jesucristo,『해방의 신비』Mysterium Liberationis,『영이 있는 해방』Liberación con espiritu,『참된 교회의 부활』Resurrección de la verdadera Iglesia 등이 있다. 한국에는『해방자 예수』(메디치미디어)가 소개된 바 있다.

| 제럴드 오콜린스 저서 목록 |

■ **단독 저서**

- **Theology and Revelation** (Cork: Mercier Press, 1968) 『계시란 무엇인가』(가톨릭출판사)

- **Man and His New Hopes** (New York: Herder & Herder, 1969)

- **Foundations of Theology** (Chicago: Loyola University Press, 1971)

- **The Easter Jesus** (London: Darton, Longman and Todd, 1973, 1980(2판))

- **Faith Under Fire** (Melbourne: Polding Press, 1974)

- **The Theology of Secularity** (Cork: Mercier Press, 1974)

- **Has Dogma a Future?** (London: Darton, Longman and Todd, 1975)

- **The Calvary Christ** (London: SCM Press, 1977)

- **What Are They Saying About Jesus?** (New York: Paulist Press, 1977, 1983(2판))

- **What Are They Saying About the Resurrection?** (New York: Paulist Press, 1978)

- **The Second Journey: Spiritual Awareness and the Mid-Life Crisis** (New York: Paulist Press, 1978, 1979(2판), 1995(3판)) 『두 번째 여행』(가톨릭대학교출판부)

- **A Month with Jesus** (Denville, N.J.: Dimension Books, 1978)

- **Fundamental Theology** (New York: Paulist Press, 1981) 『기초신학』(분도출판사)

- **Interpreting Jesus** (London: Geoffrey Chapman, 1983)

- **Finding Jesus: Living Through Lent With John's Gospel** (New York: Paulist Press, 1983)

- The People's Christmas (New York: Paulist Press, 1984)

- Jesus Today: Christology in an Australian Context (Melbourne: Dove Communications, 1986)

- Jesus Risen: An Historical, Fundamental and Systematic Examination of Christ's Resurrection (New York: Paulist Press, 1987)

- Interpreting the Resurrection: Examaining the Major Problems in the Stories of Jesus' Resurrection (New York: Paulist Press, 1988) 『부활해석』(대전 가톨릭대학교 출판부)

- Friends in Faith: Living the Creed Day by Day (New York: Paulist Press, 1989)

- Retrieving Fundamental Theology: The Three Styles of Contemporary Theology (New York: Paulist Press, 1993)

- The Resurrection of Jesus Christ: Some Contemporary Issues (Milwaukee, Wis.: Marquette Univ Press, 1993)

- Experiencing Jesus (London: SPCK, 1994)

- Christology: A Biblical, Historical, and Systematic Study of Jesus (Oxford: Oxford University Press, 1995)

- All Things New: The Promise of Advent, Christmas and the New Year (New York: Paulist Press, 1998)

- The Tripersonal God: Understanding and Interpreting the Trinity (New York: Paulist Press, 1999)

- Following the Way: Jesus Our Spiritual Director (London: HarperCollins, 1999)

- Incarnation (London: Continuum, 2002)

- Easter Faith: Believing in the Risen Jesus (London: Darton, Longman and Todd, 2003) 『우리는 부활한 예수를 증언한다』(비아)

- Living Vatican II: The 21st Council for the 21st Century (New York: Paulist Press,

2006)

- **Jesus Our Redeemer: A Christian Approach to Salvation** (Oxford: Oxford University Press, 2007)

- **The Lord's Prayer** (New York: Paulist Press, 2007)

- **Jesus: A Portrait** (London: Darton, Longman and Todd, 2008)

- **Catholicism: A Very Short Introduction** (Oxford: Oxford University Press, 2008)

- **Salvation for All: God's Other Peoples** (Oxford: Oxford University Press, 2008)

- **Philip Pullman's Jesus** (London: Darton, Longman and Todd, 2008)

- **Reflections for Busy People: Making Time for Ourselves, Jesus, and God** (New York: Paulist Press, 2009)

- **Rethinking Fundamental Theology: Toward a New Fundamental Theology** (Oxford: Oxford University Press, 2011)

- **A Short Guide to Writing a Thesis** (Hindmarsh, S.Aust.: ATF Press, 2011)

- **Pause for Thought: Making Time for Prayer, Jesus, and God** (New York: Paulist Press, 2011)

- **Believing in the Resurrection: The Meaning and Promise of the Risen Jesus** (New York: Paulist Press, 2012)

- **The Second Vatican Council on Other Religions** (Oxford: Oxford University Press, 2013)

- **The Spirituality of the Second Vatican Council** (New York: Paulist Press, 2014)

- **The Second Vatican Council: Message and Meaning** (Collegeville: Liturgical Press, 2014)

- **Christology: Origins, Developments, Debates** (Waco, Texas: Baylor University Press, 2015)

- **From Rome to Royal Park** (Ballarat, Vic: Connor Court Publishing, 2015)

- **Lost in Translation: The English Language and the Catholic Mass** (Collegeville:

Liturgical Press, 2017)

- **Saint Augustine on the Resurrection of Christ: Teaching, Rhetoric, and Reception** (Oxford: Oxford University Press, 2017)
- **A Christology of Religions** (New York: Orbis Books, 2018)
- **Revelation: Towards a Christian Interpretation of God's Self-revelation in Jesus Christ** (Oxford: Oxford University Press, 2018)
- **Portraits, Popes, Family, and Friends** (Redland Bay, QLD: Connor Court Publishing, 2019)
- **The Beauty of Jesus Christ: Filling Out a Scheme of St. Augustine** (Oxford: Oxford University Press, 2020)
- **Inspiration: Towards a Christian Interpretation of Biblical Inspiration** (Oxford: Oxford University Press, 2021)
- **Letters from Rome and Beyond** (Redland Bay, QLD: Connor Court Publishing, 2021)
- **Illuminating the New Testament: The Gospels, Acts, and Paul** (New York: Paulist Press, 2022)
- **Letters from the Pandemic** (Redland Bay, QLD: Connor Court Publishing, 2022)
- **Letters to Maev: A Theologian and His Sister** (Redland Bay, QLD: Connor Court Publishing, 2023)
- **Letters at Christmas: Inspiration from Paul and Cicero** (Redland Bay, QLD: Connor Court Publishing, 2024)

■ 공동 저서

· **The Cross Today: An Evaluation of Current Theological Reflection on the Cross of Christ** (R. 패리시R.Faricy, M. 플릭M.Flick과 공저) (New York: Paulist Press, 1978)

· **Problems and Perspectives of Fundamental Theology** (르네 라투렐René Latourelle과 공저) (New York: Paulist Press, 1982)

· **A Concise Dictionary of Theology** (에드워드 G. 파루지아Edward G.Farrugia와 공저) (New York: Paulist Press, 1978, 1991(2판), 2000(증보판))

· **Believing** (메리 벤투리니Mary Venturini와 공저) (New York: Paulist Press, 1991)

· **Focus on Jesus: Essays in Christology and Soteriology** (대니얼 켄달Daniel Kendall과 공저) (Leominster: Gracewing, 1996)

· **The Christian Faith** (자크 뒤피Jacques Dupuis와 공저) (New York: Alba House, 1996)

· **Justification: Five Views** (마이클 S. 호튼Michael S.Horton, 마이클 F. 버드Michael F.Bird 등과 공저) (Downers Grove, IL: IVP Academic, 2011) 『칭의 논쟁』(새물결플러스)

· **Catholicism: The Story of Catholic Christianity** (에드워드 G. 파루지아와 공저) (Oxford: Oxford University Press, 2003)

· **Jesus Our Priest: A Christian Approach to the Priesthood of Christ** (마이클 키넌 존스Michael Keenan Jones와 공저) (Oxford: Oxford University Press, 2010)

· **Light from Light: Scientists and Theologians in Dialogue** (존 폴킹혼John Polkinghorne, 데이비드 브라운David Brown 등과 공저) (Grand Rapids: Eerdmans, 2012)

· **The Bible for Theology: Ten Principles for the Theological Use of Scripture** (대니얼 켄달Daniel Kendall과 공저) (New York: Paulist Press, 2013)

우리는 부활한 예수를 증언한다
- 혼란스러운 시대에 예수의 부활을 믿는다는 것의 의미

초판 1쇄 │ 2025년 3월 28일

지은이 │ 제럴드 오콜린스
옮긴이 │ 권헌일

발행처 │ ㈜룩스문디
발행인 │ 이민애
편 집 │ 민경찬
검 토 │ 서애지 · 손승우 · 어운송
제 작 │ 김진식 · 김진현
디자인 │ 민경찬 · 손승우

출판등록 │ 2024년 9월 3일 제301-2024-000093호
주 소 │ 서울특별시 중구 세종대로19길 16 1층 001호
주문전화 │ 010-3320-2468
이메일 │ luxmundi0901@gmail.com(주문 관련)
           viapublisher@gmail.com(편집 관련)

ISBN │ 979-11-989272-4-8 (03230)
한국어판 저작권 ⓒ 2025 ㈜룩스문디